Lesson 1

CREATIVE 창의
CODING 코딩
PLAY 놀이
스크래치 3.0

KB199795

창의코딩 놀이(1) · 스크래치 3.0 자료 다운로드 방법 ⋯⋯⋯⋯▶
다음 페이지

렉스미디어 자료 다운로드

1 렉스미디어 홈페이지(http://www.rexmedia.net)에 접속한 후 **[자료실]-[대용량 자료실]**을 클릭합니다.

2 렉스미디어 자료실 페이지가 표시되면 **[영재스쿨] 폴더**를 클릭합니다.

3 영재스쿨 관련 페이지가 표시되면 **[창의코딩놀이(1)스크래치3.0.exe] 파일**을 클릭합니다.

4 파일 다운로드가 완료되면 **[파일 열기]**를 클릭합니다.

5 설치가 모두 완료되면 [창의코딩놀이(1)스크래치3.0] 폴더가 생성되며, 장별로 예제 및 완성 파일 등을 제공합니다.

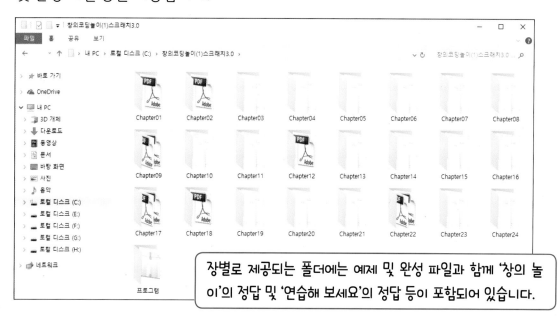

장별로 제공되는 폴더에는 예제 및 완성 파일과 함께 '창의 놀이'의 정답 및 '연습해 보세요'의 정답 등이 포함되어 있습니다.

이 책의 특징

창의 놀이

컴퓨팅 사고력을 통해 컴퓨터 과학의 기본 개념과 원리 및 컴퓨팅 시스템을 활용하여 실생활 및 다양한 분야에서 활용, 적용할 수 있는 능력을 키워주는 놀이 방식입니다.

논리적 사고 능력

오늘은 또 무슨 놀이를 할까?

두두두둥~!!!

재미있는 놀이 방법으로 공부하며, 다양한 사고 능력 및 컴퓨터의 기본 원리를 자연스럽게 습득합니다.

창의 놀이 02 그림을 이용하여 이야기 만들기~*

4장의 그림을 보며 재미있는 이야기를 만들어 보세요.
순서는 상관없어요. 그림을 보고 재미있는 이야기를 만들어 보세요.

이렇게 하는 거예요!

곰쁜이와 곰청이가 공원에 소풍을 나갔습니다. 날씨가 좋고 공원배경이 이뻐서 가지고간 디지털 카메라로 열심히 사진을 찍습니다.

독사진만 찍다가 너무 좋은 배경이 있어서 지나가는 얼룩바둑이에게 커플사진을 부탁해 봅니다. 사진은 잘 못찍는다고 하면서도 순순히 찍어줍니다. 왠지 불안하지만 믿어봅니다.

돌아오는 길은 사진찍느라 이곳 저곳을 돌아다녀서 피곤했지만 맛난것도 많이 먹고 사진으로 추억을 쌓았다는 생각에 마냥 기쁘기만 합니다.

공원에서 찍은 사진을 컴퓨터로 확인하기 위해 카메라에서 메모리를 꺼내는 순간! '텅' 비어있네요. 메모리는 뒷주머니에 꽂아 놓고... 아! 허탈한 하루입니다. 그래도 곰쁜아 사랑해~ ㅠㅠ

4장의 그림을 보며 재미있는 이야기를 만들어 보세요.
순서는 상관없어요. 그림을 보고 재미있는 이야기를 만들어 보세요.

아하! 알았다!!

어휴~ 어려운데~~

놀이 문제를 풀어보며 문제의
해결 능력을 키워줍니다.

제02장 · 그림을 이용하여 이야기 만들기 **19**

이 책의 특징

코딩놀이
블록 코딩 방식을 통해 문제 해결 방법 및 절차를 배우는 과정으로 알고리즘의 기본을 배우는 과정입니다.

코딩 교육 사이트(code.org) 및 스크래치 프로그램을 이용하여 코딩 프로그램을 재미있게 학습합니다.

Chapter
04

코딩놀이

스프라이트의 추가 및 삭제하기

실행 창에 배경을 삽입하는 방법을 알아봅니다.
실행 창에 배경의 추가, 이동 및 삭제 방법을 알아봅니다.
스프라이트의 추가, 이동 및 삭제 방법을 알아봅니다.

완성

핵심놀이 무대 및 스프라이트 정의

실행 창의 배경을 의미하며, 스프라이트는 실행 창에서 스크립트 창의
실행 창의 배경을 의미합니다.
에 따라 움직이는 개체를 의미합니다.
의 모양은 하나 이상을 가지고 있어 블록 코드에 따라 모양을 바꾸
수 있습니다.

오늘 배울 내용의 핵심 주제를 알기 쉽게 설명하여 배울 내용의 기본 지식을 습득합니다.

배경 삽입하기

1 스크래치 프로그램을 시작한 후 ◎[배경 고르기]를 클릭합니다.

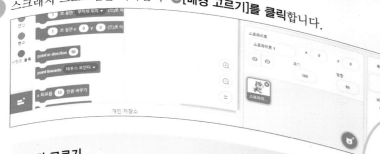

배경 고르기

배경 업로드하기, 서프라이즈(임의의 배경을 삽입), 그리기, 배경 고르기를 할 수

> 따라하기 방식을 쉽게 따라하면서 코딩 프로그램의 사용법을 배웁니다.

2 [배경 고르기] 대화상자가 표시되면 **원하는 배경을 선택**합니다.

3 실행 창에 선택한 배경이 표시됩니다.

> 순서대로 따라하니까 바로 만들어지네~^^

이 책의 차례 ※ 09장부터 오프라인 스크래치 3.0 사용

스크래치 오프라인 다운로드 및 설치하기

스크래치 프로그램은 스크래치 사이트에서 직접 실행하거나 오프라인 프로그램을 다운로드 받아 컴퓨터에 설치하여 실행할 수 있는 2가지 방법이 있습니다.

스크래치 오프라인 다운로드하기

1 크롬을 실행한 후 스크래치 사이트(https://scratch.mit.edu)에서 아래로 이동한 다음 메뉴 목록에서 **[오프라인 에디터]**를 클릭합니다.

2 스크래치 3.0 오프라인 에디터 다운로드 화면이 표시되면 컴퓨터 운영체제에 따른 **[다운로드]**를 클릭한 후 화면 아래쪽에 표시된 **[실행]** 단추를 클릭합니다.

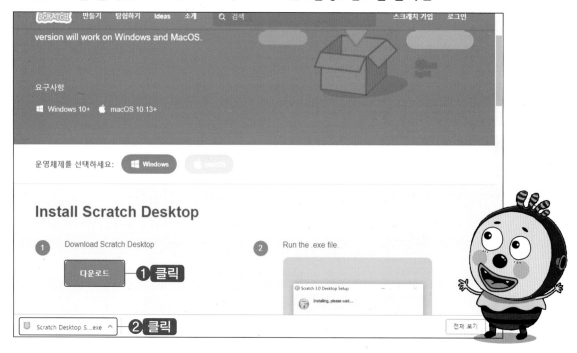

스크래치 에디터 설치하기

1 [Scratch Desktop 설치] 대화상자가 나타나며 자동으로 프로그램이 설치됩니다. 그런다음 설치가 완료되면 **[예] 단추**를 클릭합니다.

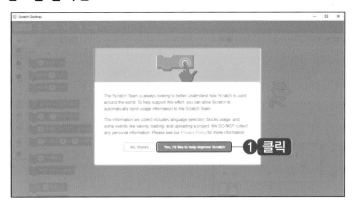

2 설치 과정이 완료되면 다음과 같이 스크래치가 실행됩니다.

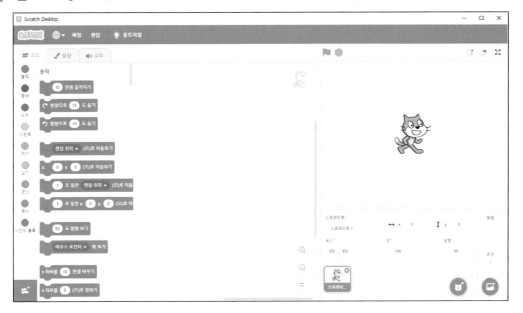

Tip

온라인을 이용한 스크래치 실행하기

온라인에서 스크래치 프로그램을 실행할 경우 스크래치 홈페이지(https://scratch.mit.edu)에서 [만들기]를 클릭합니다.

※ 스크래치 3.0은 Internet Explorer, Vivaldi, Opera, Silk 브라우저는 지원하지 않습니다.

Google Chrome, Mozilla Firefox, Microsoft Edge 브라우저를 사용해야 합니다.

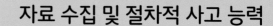

01

창의놀이

자료 수집 및 절차적 사고 능력

단어를 이용한 이야기 만들기~*

🍬 다음 보기에 표시된 단어를 사용하여 재미있는 이야기를 만들어 보세요.
꼭!! 보기의 단어가 들어가야 합니다.

이렇게 하는 거예요!

단어 : 다람쥐, 게임, 시계

> 시골에 살던 **다람쥐**가 서울 구경을 위해 여행을 떠납니다. 서울행 터미널에서 빨리 서울 구경을 하고 싶은 마음에 **시계**만 쳐다보며 버스가 도착하기를 기다립니다. 버스가 도착하여 좌석에 앉은 다람쥐는 도착하기 전까지 좌석에 앉아 스마트폰으로 **게임**을 하며 시간을 보냈고 서울에 도착한 다람쥐는 재미있는 서울 구경에 신이났다고 합니다.

다음 보기에 표시된 단어를 사용하여 재미있는 이야기를 만들어 보세요.
꼭!! 보기의 단어가 들어가야 합니다.

제시 단어 : 거북이, 열쇠, 토끼

컴퓨터를 작동시키는 마우스

오늘의 놀이
✿ 인터페이스의 역할을 알아봅니다.
✿ 마우스의 기능 및 사용법을 알아봅니다.

완성

작업 영역:

핵심놀이   인터페이스 및 마우스의 역할

인터페이스란?

컴퓨터에서 인터페이스란 서로를 연결시켜 주는 역할로 컴퓨터 본체와 연결된 마우스, 키보드, 모니터, 프린터 등을 의미합니다.

마우스의 역할

컴퓨터에게 명령을 전달할 때 필요한 기능으로 모니터에 나타난 아이콘 등을 클릭하거나 더블클릭, 또는 드래그하여 명령을 작동시키는 역할을 합니다.

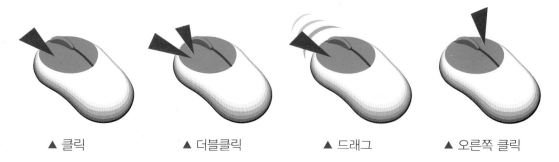

▲ 클릭   ▲ 더블클릭   ▲ 드래그   ▲ 오른쪽 클릭

마우스 기능 연습하기

1 인터넷에서 **주소(http://code.org)를 입력**하여 이동한 후 **[학생들]을 클릭**합니다.

2 code.org 사이트의 학생들 화면으로 이동되면 **[과정A]를 클릭**합니다.

3 [과정A] 화면이 표시되면 **[드래그와 드롭 배우기]의 2단계를 클릭**합니다.

④ '블럭을 맞는 위치에 끌어가세요' 메시지가 표시되면 [확인] 단추를 클릭한 후 마우스로 그림을 드래그하여 같은 모양의 그림 위치까지 이동합니다.

⑤ 그림 위치까지 이동되면 1번 퍼즐이 해결되었다는 메시지가 표시되며, [계속하기]를 클릭하면 다음 단계로 넘어갑니다. 같은 방법으로 마우스의 드래그와 드롭을 연습합니다.

⑥ 11단계 까지의 마우스 연습을 진행한 후 [전체단계]를 클릭한 다음 [유닛 살펴보기] 단추를 클릭합니다.

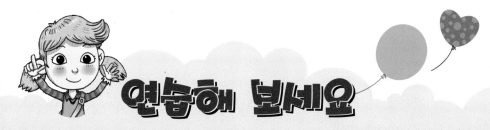

1 코드(code.org) 사이트의 [과정A]에서 레슨 4: 스크랫으로 시퀀싱을 진행해 보세요.
• 다람쥐가 도토리를 얻기 위해 블록을 연결합니다.

2 코드(code.org) 사이트의 [과정A]에서 레슨 5: 스크랫으로 프로그래밍을 진행해 보세요.
• 다람쥐가 도토리를 얻기 위해 블럭을 연결합니다.

O2

그림을 이용하여 이야기 만들기~*

🐾 4장의 그림을 보며 재미있는 이야기를 만들어 보세요.
순서는 상관없어요. 그림을 보고 재미있는 이야기를 만들어 보세요.

이렇게 하는 거예요!

곰뿐이와 곰청이가 공원에 소풍을 나갔습니다. 날씨가 좋고 공원배경이 이뻐서 가지고간 디지털 카메라로 열심히 사진을 찍습니다.

독사진만 찍다가 너무 좋은 배경이 있어서 지나가는 얼룩바둑이에게 커플사진을 부탁해 봅니다. 사진은 잘 못찍는다고 하면서도 순순히 찍어줍니다. 왠지 불안하지만 믿어봅니다.

돌아오는 길은 사진찍느라 이곳 저곳을 돌아다녀서 피곤했지만 맛난것도 많이 먹고 사진으로 추억을 쌓았다는 생각에 마냥 기쁘기만 합니다.

공원에서 찍은 사진을 컴퓨터로 확인하기 위해 카메라에서 메모리를 꺼내는 순간! '텅' 비어있네요. 메모리는 뒷주머니에 꽂아 놓고... 아! 허탈한 하루입니다. 그래도 곰뿐아 사랑해~ ㅠㅠ

4장의 그림을 보며 재미있는 이야기를 만들어 보세요.
순서는 상관없어요. 그림을 보고 재미있는 이야기를 만들어 보세요.

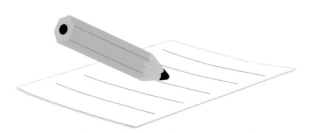

코딩놀이

프로그래밍 언어와 코딩 이해하기

오늘의 놀이
- 프로그래밍 언어란 무엇인지 알아봅니다.
- 코딩이란 무엇인지 알아봅니다.

완성

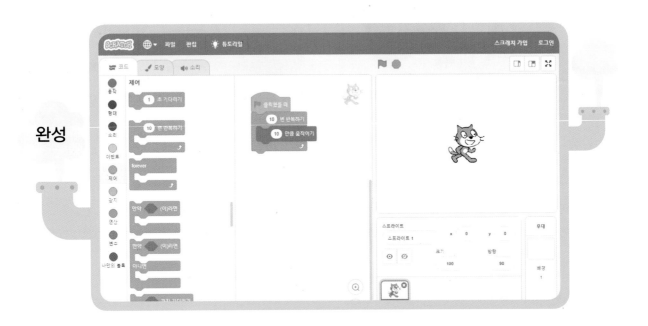

핵심놀이 프로그래밍 언어와 코딩

프로그래밍 언어란?

프로그래밍 언어란 컴퓨터의 프로그램을 작성하기 위해 고안된 언어를 의미합니다. 컴퓨터는 사람의 언어를 곧바로 알아듣지 못하기 때문에 중간에 컴퓨터가 알아들을 수 있도록 통역하는 역할을 하는 언어가 필요하게 되었고 이를 위해 만들어졌습니다.

코딩이란?

프로그래밍 언어를 이용하여 프로그램을 작성하는 과정으로 작성된 프로그램을 컴퓨터가 알아들을 수 있도록 번역 과정을 통해 컴퓨터에게 명령을 내리게 됩니다.

컴퓨터가 알아듣는 언어 기계어

최고의 통역사 프로그래밍 언어와 코딩

프로그래밍 언어란?

이렇게 기계어 밖에 모르는 컴퓨터를 위해 중간에서 사람이 알아들을 수 있도록 통역 역할을 하는 프로그램이 필요하게 되었답니다. 이것이 바로 프로그래밍 언어라고 한답니다.

코딩이란?

코딩이란 프로그래밍 언어로 컴퓨터가 명령을 실행하도록 프로그램을 작성하는 과정을 의미합니다.

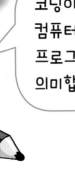

블록을 이용한 코딩 알아보기

예전에는 컴퓨터가 알아들을 수 있도록 통역 역할을 하는 프로그래밍 언어가 텍스트 위주로 기호화한 명령어만 사용했습니다.

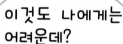 이것도 나에게는 어려운데?

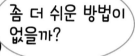 좀 더 쉬운 방법이 없을까?

바로 이거야!

어린이들이 가지고 노는 레고 블록처럼 프로그램을 블록으로 만들어 서로 끼워 맞추듯 명령을 만들면 좀 더 쉽게 컴퓨터에게 명령을 내릴 수 있겠는데요~^^

그래서 만들어진 프로그래밍 언어가 스크래치와 엔트리랍니다.

03

극장에서 영화보기~*

우리 가족은 영화를 볼 때 예매처에서 영화 티켓을 구매한 후 항상 팝콘과 음료수를 매점에서 구매합니다. 이후 팝콘을 먹기 위해서는 화장실을 들러 손을 깨끗이 씻는 것도 잊지 않지요. 또한 상영관 입구에 구비되어 있는 키높이 방석을 가지고 들어가야 영화를 잘 볼 수 있답니다. 이제 준비가 되었으니 상영관 입구에 계신 아저씨에게 영화 티켓을 보여 드리고 입장해야겠네요^^

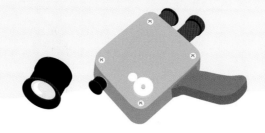

🍬 아래의 영화관 구조를 보고 영화를 보기 위해 진행하는 순서를 생각하며 장소에 필요한 물건을 순서대로 적어 보세요.

① 현금 또는 신용카드   ② [   ]
③ 휴지 또는 핸드 드라이어   ④ [   ]   ⑤ 영화티켓

보기   팝콘과 음료수 / 키높이 방석

🍬 괄호( ) 안에 진행 순서에 맞게 번호를 적어 넣어 보세요

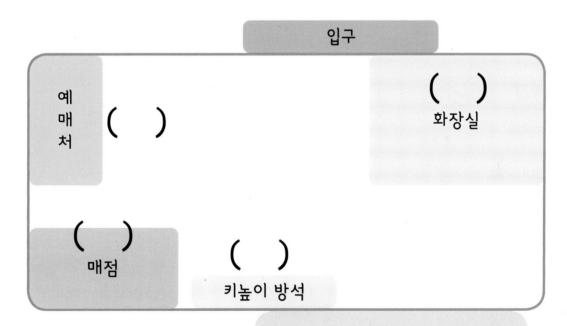

입구

예매처 ( )

화장실 ( )

매점 ( )

키높이 방석 ( )

영화 상영관 ( )

코딩놀이

스크래치 프로그램 알아보기

Chapter 03

오늘의 놀이

❀ 스크래치 프로그램의 작업 환경을 알아봅니다.
❀ 스크래치 계정을 만드는 방법을 알아봅니다.
❀ 계정을 이용한 작품 저장 및 불러오는 방법을 알아봅니다.

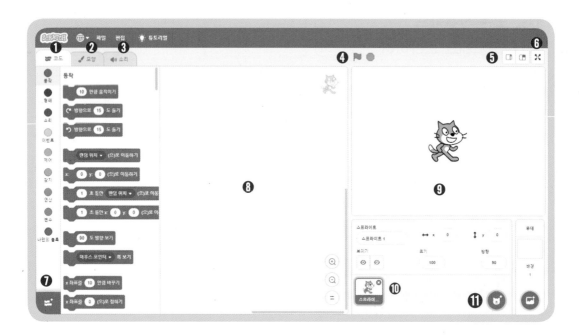

핵심놀이 스크래치 프로그램(scratch.mit.edu)의 작업 환경 알아보기

❶ **코드** : 실행할 명령어 블록들을 팔레트 형태로 표시합니다.
❷ **모양** : 스프라이트의 모양을 표시하며, 추가 및 삭제할 수 있습니다.
❸ **소리** : 스프라이트에 지정된 소리 목록을 표시하며, 추가 및 삭제할 수 있습니다.
❹ **시작하기/멈추기** : 프로그램을 실행 / 실행 중인 프로그램을 멈춥니다.
❺ **레이아웃** : 실행 창과 스크립트 영역의 레이아웃 모양을 변경합니다.
❻ **화면 확대** : 실행 창을 전체 화면으로 확대할 수 있으며, 확대된 상태에서 ﹡[축소]를 클릭하면 이전 크기로 복귀합니다.
❼ **확장 기능 추가하기** : 다양한 확장 기능이 나타나며, 선택한 아이콘은 기본 팔레트에 추가됩니다.
❽ **스크립트 창** : 블록 명령들을 서로 연결하여 프로그램을 코딩할 수 있습니다.
❾ **실행 창** : 스프라이트에 부여한 스크립트 명령을 실행하여 화면으로 표시합니다.
❿ **스프라이트** : 실행 창에 표시하는 스프라이트 개체 목록을 표시하며, 스프라이트 추가 및 수정, 삭제 등을 할 수 있습니다.
⓫ **스프라이트 고르기** : 스프라이트를 업로드, 서프라이즈(임의의 스프라이트를 삽입), 그리기, 스프라이트 고르기를 할 수 있습니다.

스크래치 계정 만들기

① 스크래치 사이트(https://scratch.mit.edu)에서 **[스크래치 가입]을 클릭**합니다.

TIP

온라인을 이용한 스크래치 실행
스크래치 3.0은 Internet Explorer, Vivaldi, Opera, Silk 브라우저는 지원하지 않습니다.
Google Chrome, Mozilla Firefox, Microsoft Edge 브라우저를 사용해야 합니다.

② [스크래치 가입] 대화상자에서 사용자 이름 및 비밀번호, 생년월일 및 성별, 국가, 이메일 주소 등을 이용하여 계정을 만듭니다.

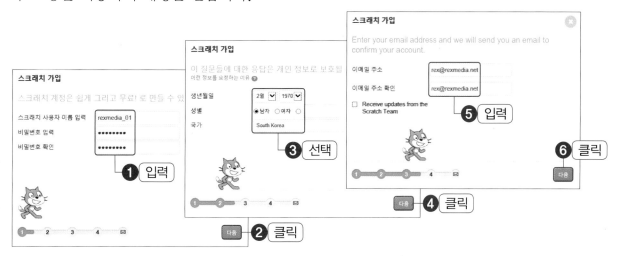

③ 스크래치 가입이 완료되었다는 메시지가 표시되면 **[자, 시작합시다!] 단추를 클릭**합니다.

스크래치 가입

스크래치에 오신 것을 환영합니다,
rexmedia_01!

이제 로그인이 되었습니다! 프로젝트를 탐험하고 만들기 시작할 수 있습니다.

만약 프로젝트를 공유하고 댓글을 남기고 싶다면,
rex@rexmedia.net로 당신에게 보낸 이메일 안의 링크를 클릭하세요.

이메일 주소가 잘못되었나요? 계정 설정에서 이메일 주소를 바꾸세요.

문제가 있나요? 저희에게 의견을 보내보세요

자, 시작합시다! **①** 클릭

사용자 이름 : _____

비밀번호 : _____

계정을 이용한 작품 저장 및 불러오기

① 스크래치 사이트(https://scratch.mit.edu)에서 [로그인]을 클릭한 후 **사용자 이름과 비밀번호를 이용하여 계정에 로그인**한 다음 [만들기]를 클릭합니다.

② 처음 표시되는 프로그램을 저장하기 위해 **작품 이름(작품1)을 수정**한 후 [파일]-[저장하기] 메뉴를 클릭합니다.

③ 계정에 저장된 작품을 불러오기 위해 [사용자 아이디]-[내 작업실] 메뉴를 클릭한 후 내 작업실 목록에서 **불러올 프로젝트(작품1)**의 [스크립트 보기]를 클릭하면 불러올 수 있습니다.

1 스크래치의 작업 환경에서 실행 창을 확대 및 축소해 보세요.

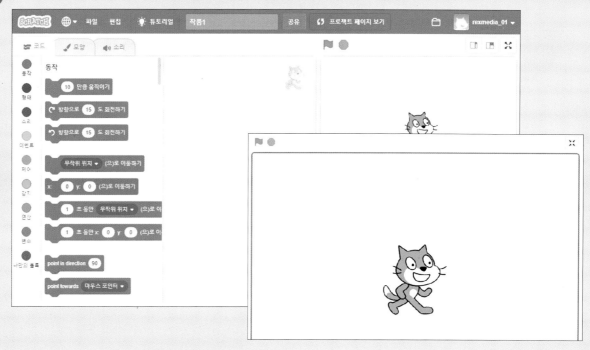

hint

실행 창 확대 및 축소하기
실행 창은 프로그램이 실행되는 화면으로 전체 화면(⤢) 및 축소(⤡)를 이용하여 크기를 조절할 수 있습니다.

2 스크래치의 계정에 로그인한 후 스크래치 프로그램의 처음 상태를 그대로 '작품2'로 저장해 보세요.

04

맛있는 김밥 만들기~*

오늘은 우리 가족이 함께 임진각으로 즐거운 소풍 나들이를 가려고 합니다. 어머니는 아침 일찍 근처 마트에 들러 맛있는 김밥을 만들기 위해 필요한 물건을 구입하려고 하는데 제게 도움을 요청하셨습니다. 마트에서 김밥을 만들기 위한 재료에는 어떤것들이 있는지 알아야 겠지요?

↓ 김밥을 만들기 위한 재료를 생각하고 적어 보세요.

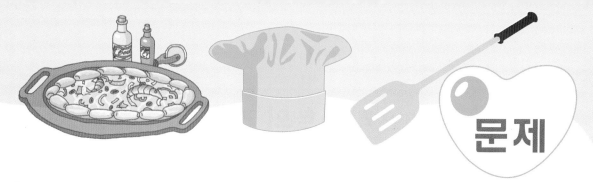

🍬 아래의 그림을 보고 맛있는 김밥을 만들기 위한 요리 순서를 번호로 입력해 보세요.

① [   ]   ② [   ]   ③ [   ]

④ [   ]   ⑤ [   ]

스프라이트의 추가 및 삭제하기

오늘의 놀이
- ✿ 실행 창에 배경을 삽입하는 방법을 알아봅니다.
- ✿ 스프라이트의 추가, 이동 및 삭제 방법을 알아봅니다.

완성

핵심놀이 **무대 및 스프라이트 정의**

- 무대는 실행 창의 배경을 의미하며, 스프라이트는 실행 창에서 스크립트 창의 블록 코드에 따라 움직이는 개체를 의미합니다.
- 스프라이트의 모양은 하나 이상을 가지고 있어 블록 코드에 따라 모양을 바꾸어 표현할 수 있습니다.

배경 삽입하기

① 스크래치 프로그램을 시작한 후 ⓒ[배경 고르기]를 클릭합니다.

TIP

배경 고르기
배경 업로드하기, 서프라이즈(임의의 배경을 삽입), 그리기, 배경 고르기를 할 수 있습니다.

② [배경 고르기] 대화상자가 표시되면 **원하는 배경을 선택**합니다.

③ 실행 창에 선택한 배경이 표시됩니다.

스프라이트의 추가 및 삭제하기

① 스프라이트를 추가하기 위해 [스프라이트 고르기]를 클릭합니다.

TIP

스프라이트 고르기

스프라이트 업로드하기, 서프라이즈(임의의 스프라이트를 삽입), 그리기, 스프라이트 고르기를 할 수 있습니다.

② [스프라이트 고르기] 대화상자가 표시되면 **원하는 스프라이트를 선택**합니다.

③ 삭제할 **스프라이트를 선택**한 후 **바로 가기 메뉴의 [삭제]**를 클릭합니다.

1 스크래치에서 다음과 같이 배경 및 스프라이트를 추가해 보세요.

hint

실행 창의 스프라이트 이동하기

실행 창에 표시된 스프라이트를 마우스로 드래그하면 원하는 위치로 이동할 수 있습니다.

2 스크래치에서 다음과 같이 배경 및 스프라이트를 추가한 후 고양이 스프라이트를 삭제해 보세요.

수학적 사고 능력

문자를 신호로 만들기~*

시온이는 다른 사람들이 이해할 수 없는 암호를 만들어 친구들과 편지를 주고 받고 싶어했습니다. 그래서 새로운 기호를 이용하여 문자를 만들었는데 방법은 아래와 같다고 합니다.

↓ 시온이가 만든 글자의 암호 기호

E		
L		
O		
V		
U		
Y		
I		

Heart

🍬 암호의 규칙을 생각하고 왼쪽 글자를 신호로 만들어 친구에게 보내 보세요.

I ⬜⬜⬜⬜ ⬜⬜⬜

L ⬜⬜⬜⬜ ⬜⬜⬜

O ⬜⬜⬜ ⬜⬜⬜

V ⬜⬜⬜⬜ ⬜⬜⬜

E ⬜⬜⬜⬜ ⬜⬜⬜

Y ⬜⬜⬜⬜ ⬜⬜⬜

O ⬜⬜⬜ ⬜⬜⬜

U ⬜⬜⬜ ⬜⬜⬜

스크래치 스프라이트 편집하기

오늘의 놀이
✿ 스프라이트의 크기 변경 및 회전 방법을 알아봅니다.
✿ 스프라이트의 이름 변경 방법을 알아봅니다.

완성

핵심놀이 스프라이트 편집하기

스프라이트란 실행 창에 사용하는 개체로 스프라이트의 X/Y 좌표 위치, 크기, 방향을 수정할 수 있습니다. 스프라이트를 ⊙[보이기]와 ⊘[숨기기]를 지정할 수 있습니다.

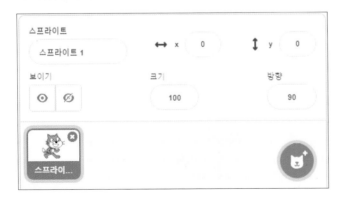

스프라이트의 크기 변경 및 회전하기

① 스크래치 프로그램을 시작한 후 [모양] 탭에서 **고양이 스프라이트의 [모양1]을 선택**한 다음 **모양을 드래그하여 선택**합니다.

TIP

이미지 저장 방식

이미지를 표현, 저장하는 방식에는 비트맵 방식과 벡터 방식이 있습니다.

구분	비트맵 방식	벡터 방식
특징	– 픽셀 단위로 저장 – 사진과 같이 세밀한 색상 표현 – 이미지가 전체 하나로 존재	– 점과 점을 연결하는 수학적인 계산에 의해 표현 – 로고 이미지와 같은 단순한 그림 표현에 주로 사용 – 개체로 이미지가 구성됨

② 테두리에 표시된 **크기 조절점(●)을 드래그**하여 크기를 변경합니다.

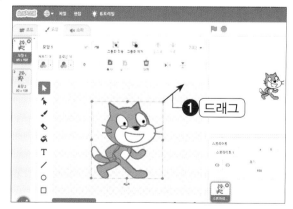 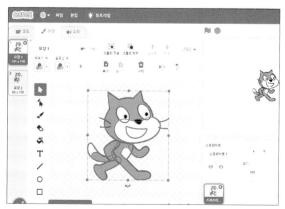

③ 고양이 스프라이트의 아래쪽에 표시된 **회전 조절점()**을 **드래그**하면 개체가 회전합니다.

스프라이트 되돌리기

Ctrl+Z를 눌러 이전 상태로 되돌릴 수 있습니다.

스프라이트의 이름 변경하기

① 스프라이트 이름을 **드래그**하여 블록으로 **지정**한 후 새로운 **이름(내친구)을 입력**합니다.

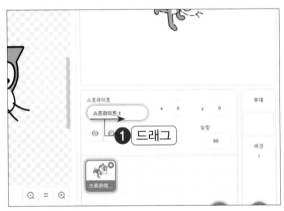 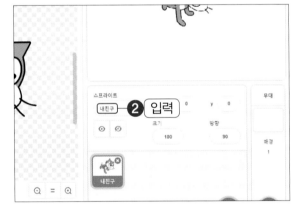

놀이수첩

실행 창에서의 스프라이트 위치 나타내기

실행 창은 기본적으로 좌표로 이루어지는데 X축 (가로) 방향으로 −240~240, Y축(세로) 방향으로 −180~180으로 이루어져 있습니다. 스프라이트의 위치를 조정할 때는 좌표를 이용한 블록에 X, Y값을 입력하거나 스프라이트를 드래그하여 위치를 변경할 수 있습니다.

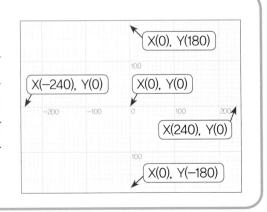

연습해 보세요

1 스크래치에서 다음과 같이 배경 및 스프라이트를 추가해 보세요.

- 배경 추가(Space City 2), 스프라이트 추가(Planet2, Dragon, Ladybug2) 후 이름 변경
- 스프라이트의 크기 및 회전 : 결과화면을 참고하여 임의로 지정

2 스크래치에서 다음과 같이 배경 및 스프라이트를 추가해 보세요.

- 배경 추가(Wetland), 스프라이트 추가(Witch, Wand, Griffin, Bat) 후 이름 변경
- 스프라이트의 크기 및 회전 : 결과화면을 참고하여 임의로 지정

hint

[그리핀] 스프라이트를 선택한 후 [모양] 탭에서 위쪽 메뉴 중 ◨[좌우 뒤집기]를 클릭하여 그리핀의 모양을 좌우 대칭시킵니다.

패턴화

그룹 만들기~*

시온이가 친구들과 카드놀이를 하다가 카드의 색과 모양, 숫자 등을 이용하여 새로운 짝짓기 게임을 만들었다고 합니다. 게임의 규칙은 카드를 모두 보이도록 펼쳐 놓고 서로 관련된 그룹을 만드는 게임인데 게임의 출제자가 규칙을 이야기하면 친구들이 규칙에 맞는 카드를 서로 묶어 놓는 게임입니다.

[바닥에 놓여있는 카드 모음]

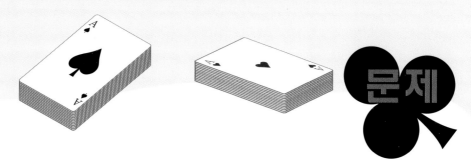

🍬 왼쪽에 번호(❶~❹)가 붙은 카드 모음을 보고 관련된 그림들을 서로 묶어 보세요.

  ▶ 빨간색 그룹에는 어떤 카드가 있나요?

  ▶ 같은 숫자 그룹에는 어떤 카드가 있나요?

  ▶ 검정색 그룹에는 어떤 카드가 있나요?

🍬 왼쪽에 번호(❶~❹)가 붙은 카드 모음에서 같은 색이 연속으로 배열되지 않으면서 작은 숫자에서 큰 숫자로 3장의 카드를 순서대로 놓아 보세요.

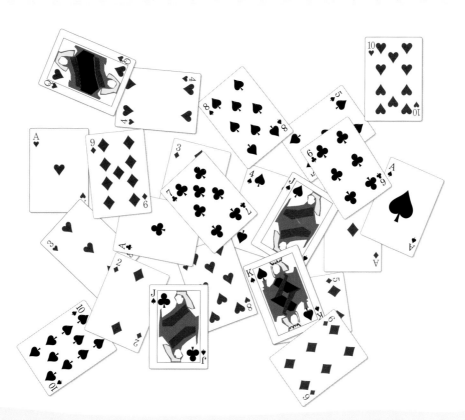

코딩놀이

스프라이트의 모양 추가하고 순서 및 이름 변경하기

Chapter 06

오늘의 놀이
- 스프라이트의 모양 추가 방법을 알아봅니다.
- 스프라이트 모양의 순서 및 이름 변경 방법을 알아봅니다.

완성

핵심놀이 스프라이트의 모양

- 하나의 스프라이트는 보기에 하나의 고정된 모양처럼 보이지만 [모양] 탭을 클릭하면 하나 이상의 다양한 모양이 목록에 담겨있을 수 있습니다.
- 모양 목록의 원하는 모양을 선택하면 실행 창에 표시된 스프라이트의 모양이 변경됩니다.

스프라이트의 모양 추가하기

1 스크래치 프로그램을 시작한 후 **[모양] 탭을 클릭**, 모양 목록이 표시되면 **◉[모양 고르기] 단추를 클릭**합니다.

2 [모양 고르기] 대화상자가 표시되면 **원하는 모양(Cat Flying-a)을 선택**합니다.

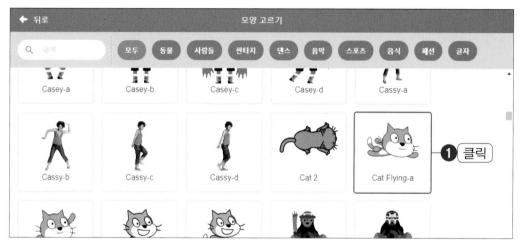

3 새로운 고양이 스프라이트의 모양이 추가되며, 실행 창에 표시됩니다.

스프라이트의 모양 순서 및 이름 바꾸기

① 스프라이트의 모양 목록에서 **가장 아래쪽에 위치한 모양을 마우스를 이용하여 위쪽까지 드래그**하면 선택한 모양이 가장 위쪽으로 순서가 변경됩니다.

② **모양의 이름(모양-a)을 수정**한 후 Enter를 누릅니다.

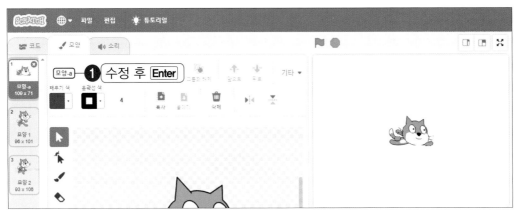

③ 모양의 이름이 수정됩니다. 같은 방법으로 다음과 같이 **모양의 이름을 수정**합니다.

TIP

스프라이트 모양의 바로 가기 메뉴 살펴보기
스프라이트 모양의 바로 가기 메뉴에는 [복사] 및 [삭제]를 할 수 있습니다.

1 스크래치에서 다음과 같이 스프라이트를 추가해 이름을 변경해 보세요.

2 '고양이' 및 '공' 스프라이트에 모양 추가 및 순서와 이름을 변경해 보세요.
  • 모양 추가 : 고양이 − cat1 flying−b

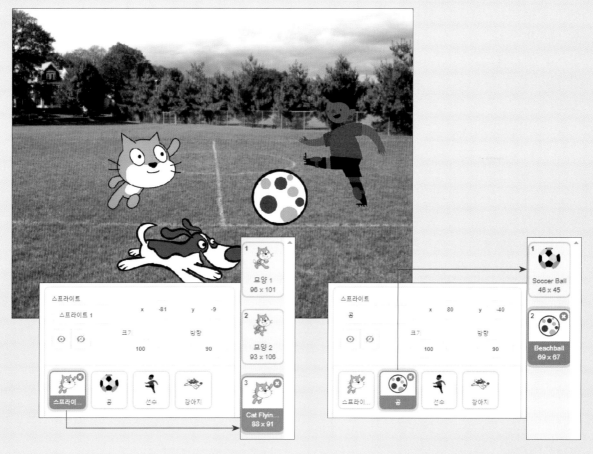

07

그림을 프로그래밍하기~*

아래의 보기는 그림을 프로그램으로 바꾸는 방법을 설명한 내용입니다.
[Start] 위치를 시작으로 이동을 해당 방향(→, ←, ↑, ↓)으로 적고 파란색이 칠해진
공간을 색칠하기(卌)로 적어 그림의 내용을 프로그램으로 만들어 보세요.

이렇게 하는 거예요!

Start			

[프로그램]

Start   →   →   卌   ↓   卌

아래의 그림을 보고 프로그램을 만들어 보세요.
[Start] 위치를 시작으로 이동을 해당 방향(→, ←, ↑, ↓)으로 적고 빨간색이 칠해진
공간을 색칠하기(卌)로 적어 그림의 내용을 프로그램으로 만들어 보세요.

Start			

[프로그램]

스프라이트의 모양 편집하기

Chapter 07

오늘의 놀이

❀ 스프라이트의 모양을 편집하는 방법에 대해 알아봅니다.
❀ 수정한 모양을 저장하는 방법에 대해 알아봅니다.

완성

핵심놀이 스프라이트의 모양 편집하기

• 스프라이트의 모양은 스크래치에서 제공하는 모양으로 기존의 모양에 새로운 모양을 추가하거나 새롭게 그려서 사용할 수 있습니다.

• 모양 수정은 비트맵 및 벡터 방식의 모양 편집 도구를 사용하여 수정할 수 있습니다.

스프라이트의 모양에 새로운 색 칠하기

1 스크래치 프로그램을 시작한 후 **고양이 스프라이트를 삭제**하고 다음과 같이 **배경 (Forest)**과 **스프라이트(Centaur)를 추가**합니다.

2 Centaur 스프라이트의 **[모양] 탭**에서 도 구 상자의 ✍[**채우기 색**]를 클릭한 후 **채 우기 색을 클릭**합니다.

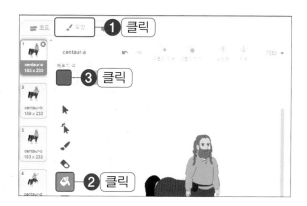

3 채우기 색의 ▮[**그라데이션**]을 클릭한 후 **채도를 드래그**합니다.

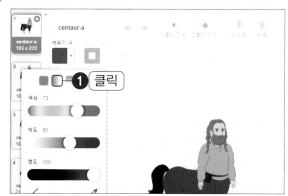 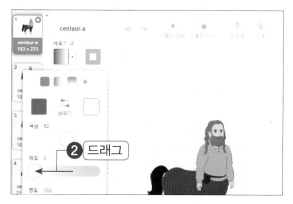

TIP

- **색상** : 빨강, 노랑, 초록, 파랑 등 어떤 색과 다른 색을 구별하는 고유한 속성
- **채도** : 색의 밝고 어두운 정도　　　 • **명도** : 색의 순수하고 선명한 정도

④ 그라데이션 지정이 완료되면 **옷 부분을 클릭**하여 채우기 색을 지정합니다.

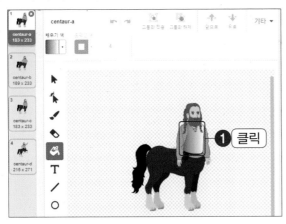 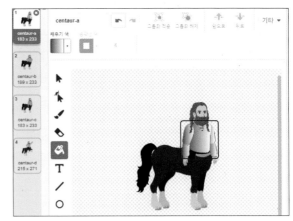

🦋 스프라이트의 모양 편집하기 🦋

① 도구 상자의 ▶[선택]을 클릭한 후 **말의 꼬리 부분을 클릭**한 다음 **회전 조절점**()을 드래 그하여 회전합니다.

② 선택된 개체를 삭제하기 위해 🗑[삭제]를 클릭합니다.

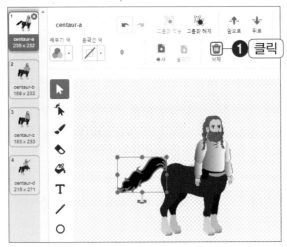 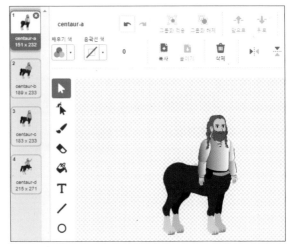

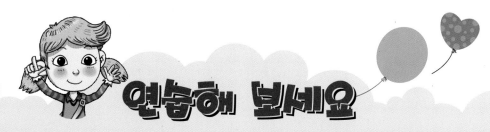

1 스크래치에서 다음과 같이 배경 및 스프라이트를 추가해 보세요.

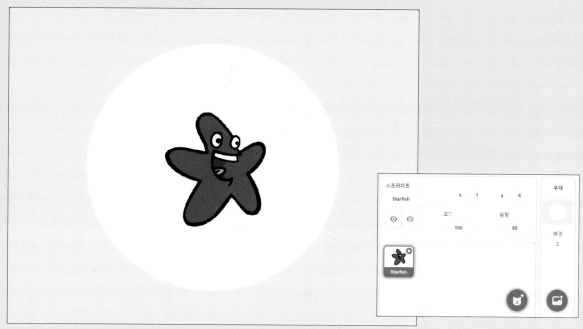

2 'Starfish' 스프라이트의 모양을 새 모양으로 작성해 보세요.
- 모양 : 별 모양의 치아 및 몸을 임의의 색으로 지정하여 만들기

hint

단색 및 그라데이션 선택

채우기 색을 클릭한 후 ▨[단색] 및 ▨[그라데이션]을 선택한 후 색상을 지정합니다.

1 스크래치에서 다음과 같이 스프라이트를 추가해 보세요.
- 배경 : Theater
- 스프라이트 추가 : Ballerina, Casey, Speaker

2 스프라이트의 모양을 다음과 같이 수정한 후 저장해 보세요.
- 결과화면을 참고하여 Ballerina, Casey 스프라이트의 모양을 수정

3 스크래치에서 다음과 같이 스프라이트를 추가해 보세요.
- 배경 : Baseball 1
- 스프라이트 추가 : Batter, Catcher, Outfielder, Baseball

4 스프라이트의 모양을 다음과 같이 수정한 후 저장해 보세요.
- 결과화면을 참고하여 Batter, Outfielder 스프라이트의 모양을 수정

프로그램을 보고 그림으로 만들기~*

아래의 보기는 프로그램을 그림으로 바꾸는 방법을 설명한 내용입니다.
[Start] 위치를 기준으로 방향(→, ←, ↑, ↓)과 색칠하기(⦀⦀)를 사용하여 그림을
만들어 보세요.

이렇게 하는 거예요!

[프로그램]

Start   →   →   ⦀⦀   ↓   ←   ⦀⦀

Start			

🍬 아래의 그림을 프로그램에 맞게 색칠해 보세요.
[Start] 위치를 기준으로 방향(→, ←, ↑, ↓)과 색칠하기(⫼)를 사용하여 그림을
만들어 보세요.

[프로그램]

| Start | ↓ | → | ⫼ | ↓ | → | ⫼ | ↓ | → | ⫼ |

Start			

Chapter 09

블록 코드 알아보기

오늘의 놀이
✿ 블록 코드의 형태에 따른 종류를 알아봅니다.
✿ 튜토리얼 사용 방법을 알아봅니다.

완성

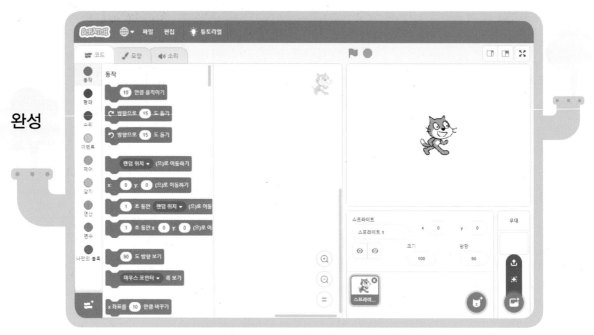

▲ 오프라인 스크래치 3.0 사용 (설치안내: 10페이지)

핵심놀이 **명령어 블록 형태에 따른 종류 알아보기**

• 스크래치에서 사용하는 블록은 [코드] 탭에 [동작], [형태], [소리], [이벤트], [제어], [감지], [연산], [변수], [나만의 블록] 등의 팔레트로 구분되어 해당 팔레트 이름을 클릭하면 관련된 블록 목록이 표시됩니다.

• 명령어 블록은 형태에 따라 가장 처음에 표시되는 시작 블록(클릭했을때)과 블록을 서로 연결하여 사용하는 연결 블록(10 만큼 움직이기) 그리고 명령어 블록 안에 끼워 넣어 사용할 수 있는 판단/인수 블록(마우스 포인터 ▼ 에 닿았는가?/마우스의 x좌표), 이벤트의 끝에 표시되는 종료 블록(멈추기 모두 ▼) 등으로 구분할 수 있습니다.

블록 코드의 형태에 따른 종류 알아보기

이벤트 시작 블록( )의 종류

이벤트 시작을 알리는 블록 형태로 [이벤트] 및 [제어] 팔레트에서 제공됩니다.

연결 블록( )의 종류

명령어 블록과 블록을 서로 연결하여 사용하는 연결 블록으로 [동작], [형태], [소리], [이벤트], [제어], [감지] 등 다양한 팔레트에서 제공됩니다.

판단/인수 블록( )의 종류

명령어 블록 안에 끼워 넣어 사용할 수 있는 블록으로 [동작], [형태], [소리], [감지], [연산] 등 다양한 팔레트에서 제공됩니다.

이벤트 종료 블록( )의 종류

이벤트의 종료를 알리는 블록 형태로 [제어] 팔레트에서 제공됩니다.

튜토리얼 알아보기

상단에 위치한 튜토리얼를 클릭한 후 공부할 튜토리얼을 고르면 영상을 볼 수 있고 영상 플레이 중에도 블록 편집이 가능합니다.

영상 플레이어 자체의 창 크기는 조절 안되지만, 브라우저 창 확대/축소(Ctrl + +) 또는 Ctrl + -)를 이용하면 확대 및 축소를 할 수 있습니다.

영어 및 각종 언어로 자막을 지원하지만 한국어는 지원하지 않습니다.

튜토리얼 사용하기

1 메뉴에서 [튜토리얼]을 클릭합니다.

2 [튜토리얼 고르기] 화면이 표시되면 공부할 [시작하기]를 클릭합니다.

3 튜토리얼이 시작하면 영상을 보고 따라해보면서 공부할 수 있습니다.

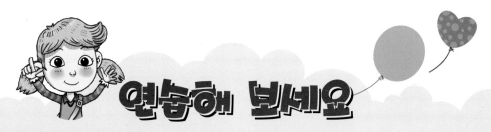

연습해 보세요

1 다음 보기의 블록 코드를 이용하여 다음 물음에 답해 보세요.

❶ 메시지1 ▼ 을(를) 받았을 때

❷ 벽에 닿으면 튕기기

❸ 마우스를 클릭했는가?

❹ 10 번 반복하기

❺ ◯ + ◯

❻ 야옹 ▼ 재생하기

❼ 이 복제본 삭제하기

❽ ▶ 클릭했을 때

❾ 드래그 모드를 드래그 할 수 있는 ▼ 상태로 정하기

❶ 가장 위쪽에 나올 수 있는 블록 모양은 무엇입니까?

Hint : 이벤트 시작 블록

❷ 서로 연결하여 사용할 수 있는 블록 모양은 무엇입니까?

Hint : 연결 블록

❸ 혼자서는 사용할 수 없고 다른 블록 안에 끼워넣어 사용할 수 있는 블록 모양은 무엇입니까?

Hint : 판단 / 인수 블록

❹ 블록 코드의 아래쪽에 연결할 수 없는 가장 끝에 위치하는 블록 코드는 무엇입니까?

Hint : 이벤트 종료 블록

2 다음과 같이 튜토리얼을 이용하여 [대화하는 애니메이션 만들기]를 실행해 보세요.

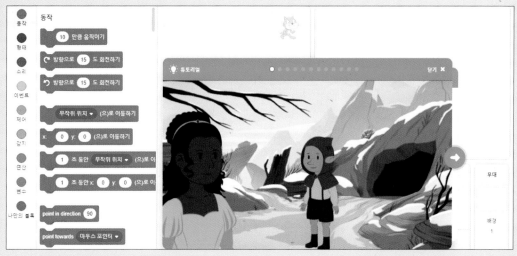

 10

프로그램 간단하게 만들기~*

🎨 다음 보기의 그림을 프로그래밍한 내용입니다. 프로그램을 확인하고 좀 더 프로그램의 길이를 짧게 개선할 수 있는 방법을 생각해서 만들어 보세요.

Start			

[프로그램]

Start → ✕ → ↓ ✕ ↓ ✕ → ✕ ↓ ← ← ← ↑ ✕

[프로그램 개선]

🍬 다음 보기의 그림을 프로그래밍한 내용입니다. 어느 부분이 잘못되었는지 찾아서
수정해 보세요.

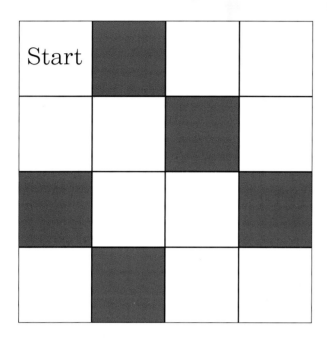

[프로그램]

Start → ┼┼┼┼ → ↓ ┼┼┼┼ → ↓ ┼┼┼┼ ↓ ← ┼┼┼┼ ↑ ← ┼┼┼┼

[프로그램 수정]

코딩놀이

블록 연결 및 시작하기

Chapter 10

오늘의 놀이
* 스크래치 프로그램의 블록 연결 및 삭제 방법을 알아봅니다.
* 스크래치 프로그램의 시작 및 멈추는 방법을 알아봅니다.

완성

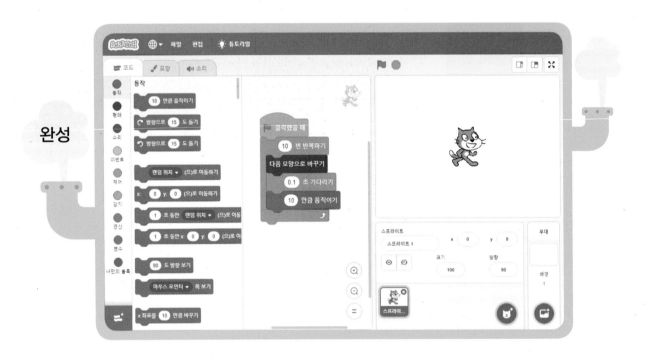

핵심놀이 　명령어 블록 형태에 따른 종류 알아보기

• 블록의 연결은 팔레트 영역에서 사용할 블록 코드를 드래그하여 스크립트 창의 연결할 블록 코드에 가까이 위치하면 자석처럼 붙어 자동으로 연결됩니다.

• 스크립트 창에 블록이 포함되어 있어도 특정 제어를 위한 [이벤트] 팔레트의 블록과 연결이 떨어져 있다면 명령어 블록의 기능이 실행되지 않습니다.

• 스크립트 창에서 블록을 연결하여 프로그램 코딩이 완성되면 ⚑[시작하기]를 클릭하여 프로그램을 실행할 수 있으며, 실행 창에서 프로그램의 결과를 확인할 수 있습니다. 실행을 종료할 경우 ⬤[멈추기]를 클릭하면 프로그램이 멈춥니다.

스크래치 블록 연결하기

① 스크래치 프로그램에서 **[코드] 탭-[이벤트] 팔레트를 클릭**한 후 █████ **블록을 드래그**하여 스크립트 창으로 이동합니다.

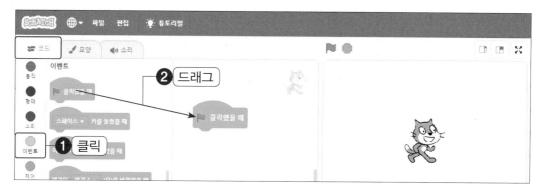

② **[제어] 팔레트의** █████ **번 반복하기 블록을 드래그**하여 █████ **블록 아래쪽에 연결**합니다.

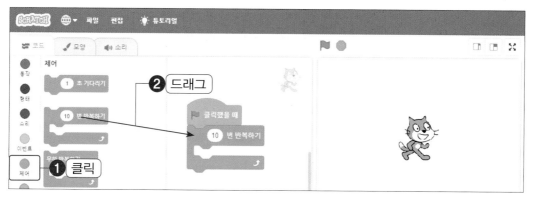

③ **[형태], [제어], [동작] 팔레트의 블록을 이용하여 나머지 블록을 작성**합니다. 그런 다음 █████ **블록의 입력값(0.1)을 수정**합니다.

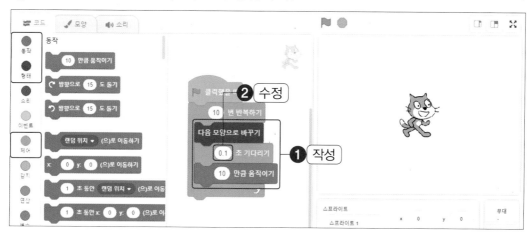

TIP

스크립트 창의 블록을 삭제하는 방법

- 삭제할 블록을 팔레트 영역으로 드래그합니다.
- 삭제할 블록에서 마우스 오른쪽 단추를 눌러 바로 가기 메뉴의 [블록 삭제하기]를 클릭합니다.

스크래치 프로그램 시작하기 및 멈추기

① 완성한 프로그램을 실행하기 위해 ▶[시작하기]를 클릭합니다.

② 스크립트 창의 프로그램에 따라 실행 창에서 스프라이트가 실행되며, ●[멈추기]를 클릭하면 실행이 종료됩니다.

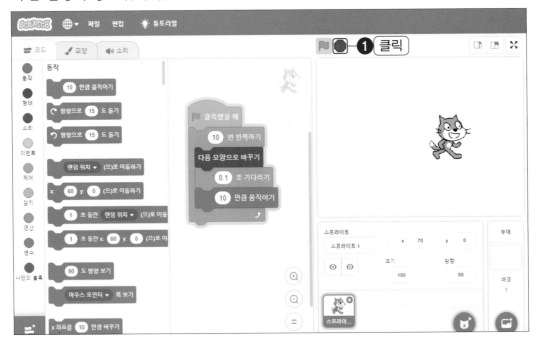

TIP

화면 확대하여 실행하기

실행 창의 ▫[전체 화면]을 클릭하면 실행 창 부분만 확대하여 표시되며, 실행을 클릭하여 완성한 프로그램을 확인할 수 있습니다.

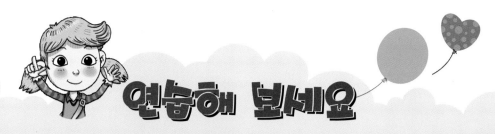

1 스프라이트1 스프라이트에서 다음과 같이 블록을 조립한 후 실행해 보세요.

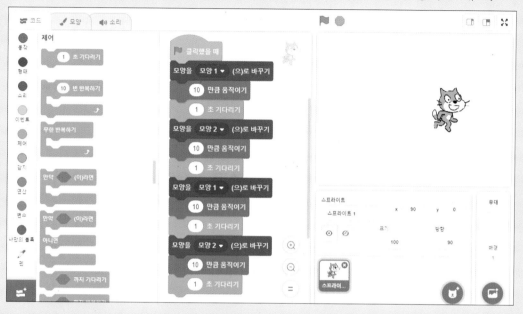

2 앞에서 완성한 프로그램의 내용을 다음과 같이 수정한 후 실행해 보세요.

• 스크립트 창의 모든 [10 만큼 움직이기] 블록에서 입력값을 '-10'으로 수정
• 스크립트 창의 모든 [1 초 기다리기] 블록에서 입력값을 '0.1'로 수정

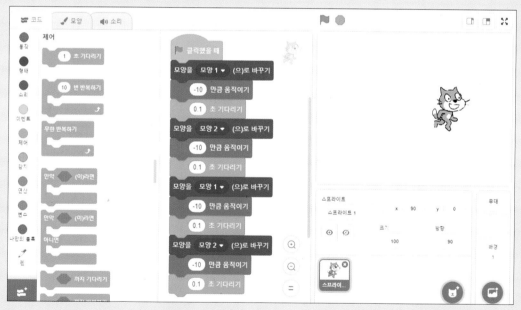

3 **1**번 프로그램과 **2**번 프로그램의 실행에 따른 차이점을 설명해 보세요.

작업 순서에 맞는 물건 찾기~*

우리집은 식사 전에 먼저 해야할 일들이 있습니다.
첫 번째로 TV는 꺼져 있어야 합니다. 그 후 손을 씻고 식탁의 정해진 자리에 앉아
식사를 합니다. 이때, 숟가락과 젓가락은 스스로 가져와야 하고 식사를 모두 마치면
내가 먹은 그릇과 수저를 싱크대에 꼭 넣어야 한답니다.

▶ 식사 전에 가장 첫 번째로 해야할 일은 무엇입니까?

▶ 리모컨을 이용하여 TV를 끄고 해야 할 일은 무엇입니까?

▶ 식사를 마친 후 해야 할 일은 무엇입니까?

🍬 식사 전에 진행하는 순서를 생각하여 괄호 안에 들어갈 장소 또는 물건을 찾아 순서
대로 적어 보세요.

① [   ]   ② [   ]
③ [   ]   ④ [   ]

❶ 수저   ❷ 리모컨   ❸ 식사가 끝난   ❹ 손씻기
                                      접시와 수저

🍬 아래의 집 안 구조를 보고 이야기의 진행 순서를 생각하여 순서에 맞게 괄호안에 번호
를 적어 보세요.

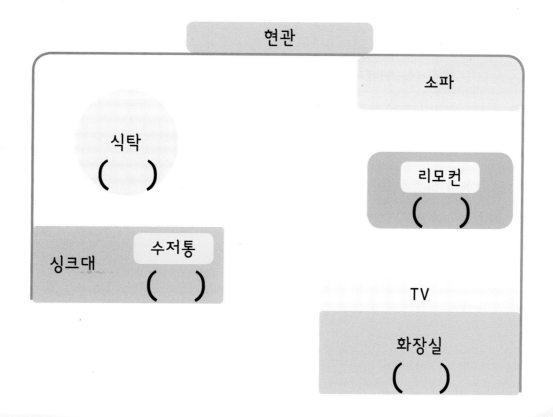

현관

소파

식탁
(   )

리모컨
(   )

싱크대   수저통
          (   )

TV

화장실
(   )

코딩놀이

컴퓨터에서 작품 가져오기 및 컴퓨터에 저장하기

Chapter 11

오늘의 놀이
- ❋ 저장된 스크래치 파일을 불러오는 방법에 대해 알아봅니다.
- ❋ 완성한 프로그램을 컴퓨터에 저장하는 방법에 대해 알아봅니다.

완성

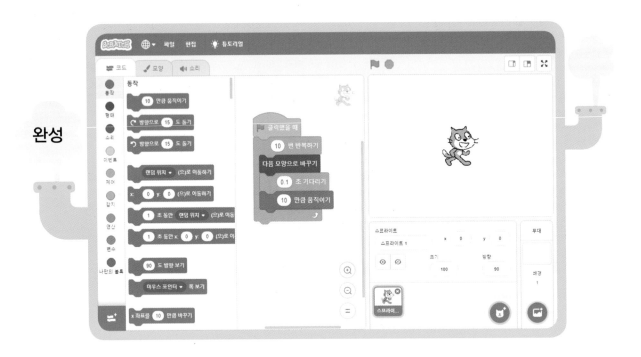

핵심놀이 컴퓨터에서 작품 가져오기 및 컴퓨터에 저장하기

컴퓨터에서 작품 가져오기

내 컴퓨터에 저장되어 있는 스크래치 프로그램 파일을 불러와 사용하는 방법으로 [파일]-[컴퓨터에서 가져오기] 메뉴를 클릭한 후 [열기] 대화상자에서 불러올 파일을 선택한 다음 [열기] 단추를 클릭합니다.

컴퓨터에 저장하기

작성한 스크래치 프로그램 파일을 내 컴퓨터에 저장하는 방법으로 [파일]-[컴퓨터에 저장하기] 메뉴를 클릭하여 저장합니다.

컴퓨터에서 작품 가져오기

① 스크래치 프로그램에서 [파일]-[컴퓨터에서 가져오기] 메뉴를 클릭합니다.

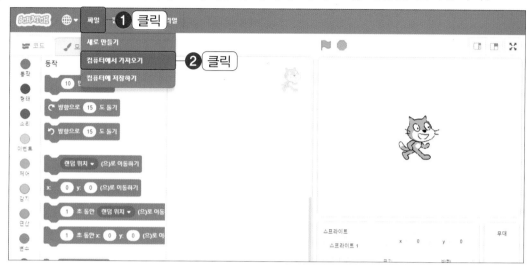

② [열기] 대화상자가 표시되면 **폴더 위치(창의코딩놀이(1)스크래치₩Chapter11)를 선택**한 후 **파일 이름(제11장)을 클릭**한 다음 [**열기**] 단추를 클릭합니다.

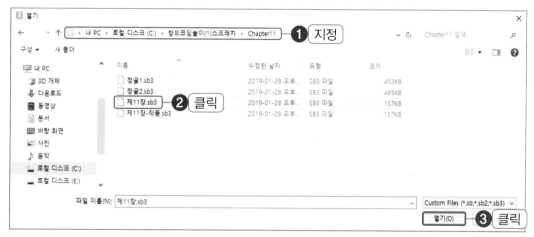

③ 다음과 같이 스크래치 프로그램에서 선택한 파일이 열립니다.

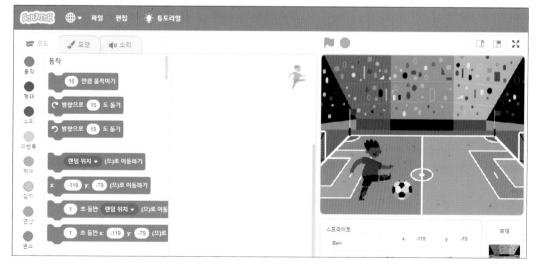

컴퓨터에 저장하기

1 파일을 저장하기 위해 [파일]-[컴퓨터에 저장하기] 메뉴를 클릭합니다.

2 [다른 이름으로 저장] 대화상자가 표시되면 **폴더 위치(다운로드)를 지정**한 후 **[파일 이름(제11장_완성)을 입력**한 다음 **[저장] 단추를 클릭**합니다.

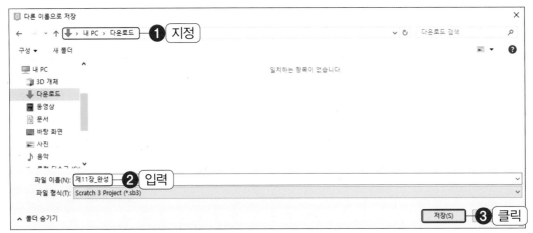

3 [다운로드] 폴더에 저장한 스크래치 파일(제11장_완성)을 확인할 수 있습니다.

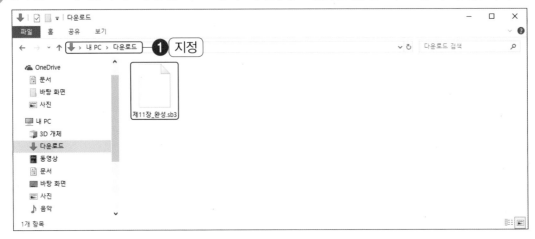

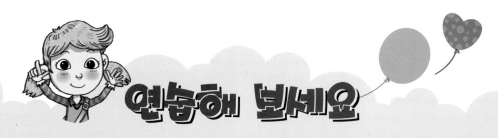

1 스크래치 프로그램에서 [Chapter11] 폴더의 '정글1.sb3' 파일을 열어보세요.

2 '정글1' 파일에서 스프라이트를 추가한 후 내 컴퓨터에 '정글2.sb3' 이름으로 저장해 보세요.
- 결과화면을 참고하여 스프라이트(Owl)를 임의의 위치에 추가

물건을 쉽게 찾을 수 있도록 가방 정리하기~*

시온이는 수영장을 가기 위해 준비물을 챙기려 합니다.

실내 수영장이라 꼭 수영복과 함께 물안경과 수영모자가 필요합니다. 수영 중간에 휴식 시간이 생기면 먹기 위해 간식을 챙기고 수영이 끝난 후 갈아입을 옷과 수건도 챙깁니다. 수영장에서의 과정을 생각하여 가방의 물건을 챙기면 시간이 절약되고 물건도 쉽게 찾을 수 있겠죠?

(주의 : 간식은 수영을 하고 나서 중간에 먹을 예정이고 수영을 끝낸 후 샤워를 하고 몸을 닦은 다음 새옷으로 갈아 입을 예정입니다.)

▶ 수영을 할 때 필요한 물건은 무엇입니까?

▶ 샤워를 한 후 필요한 물건은 무엇입니까?

▶ 갈아입을 옷이 있어야 할 장소는 다음 중 어디입니까?

● 탈의실 옷 보관함   ● 수영장

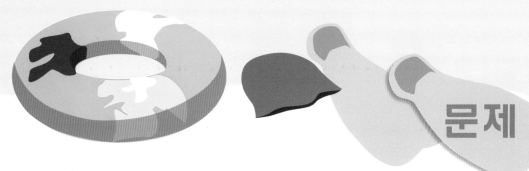

🍬 가방의 맨 아래쪽부터 챙길 물건들을 적어 보세요.

❶ 수건

❷ 간식

❸ 수영복

❹ 갈아입을 옷

순차 알고리즘 알아보기

Chapter 12

오늘의 놀이
✿ 순차 알고리즘의 정의에 대해 알아봅니다.
✿ 블록을 이용하여 순차 알고리즘을 배워봅니다.

완성

핵심놀이 순차 알고리즘

순차 알고리즘이란 주어진 과제를 해결하기 위한 처리의 절차가 순서적으로 진행되는 프로그램 코딩을 의미합니다.

알고리즘의 가장 기본적인 방법으로 동작이나 명령을 순서대로 나열하여 실행하는 순서를 알려주는 것입니다.

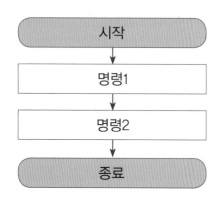

순서도의 그림처럼 순차 알고리즘은 화살표가 가리키는 순서대로 명령을 실행한답니다.

순차 알고리즘 연습하기

1 인터넷에서 **주소(http://code.org)**를 입력하여 이동한 후 **[학생들]**을 클릭합니다.

2 code.org 사이트의 학생들 화면으로 이동되면 **[프리 리더 익스프레스]**를 클릭합니다.

3 [프리 리더 익스프레스] 화면이 표시되면 **[스크랫으로 시퀀싱]**의 2단계를 클릭합니다.

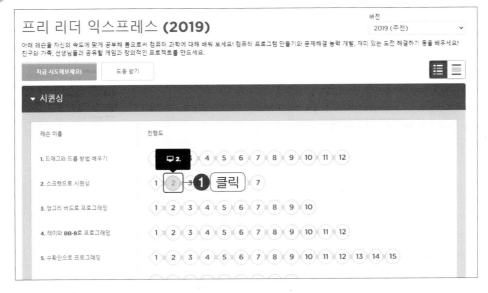

④ 스크랫이 도토리에게 가도록 만들어 달라는 메시지가 표시되면 [확인] 단추를 클릭한 후 스크랫이 도토리에게 가도록 **블록으로 연결**한 다음 [실행] 단추를 클릭합니다.

⑤ 도토리의 위치까지 이동되면 1번 퍼즐이 해결되었다는 메시지가 표시되며, [계속하기]를 클릭하면 다음 단계로 넘어갑니다. 같은 방법으로 순차 알고리즘을 연습합니다.

⑥ 7단계까지의 순차 알고리즘 연습을 진행한 후 [마침] 단추를 클릭합니다.

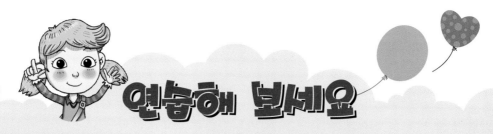

연습해 보세요

1 코드(code.org) 사이트의 [과정C]에서 [미로 내 프로그래밍]의 1~6 단계를 진행해 보세요.

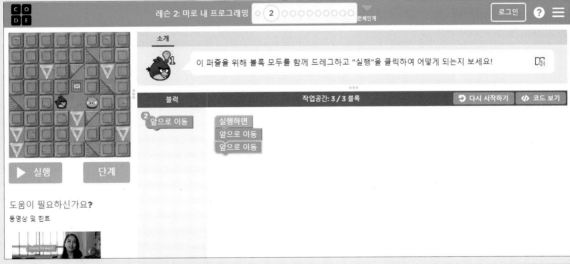

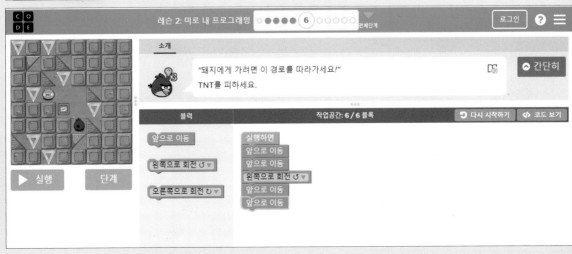

절차적 사고 능력

마트 가는 길 만들기~*

🍬 시온이가 어머님의 심부름으로 마트에 가려고 합니다. 아래의 명령어를 참고하여 마트에 가는 방법을 알고리즘으로 만들어 보세요.

🍬 [알고리즘]

앞으로 이동

오른쪽으로 90도 회전

앞으로 이동

▶ 마트에서 다시 출발점으로 돌아갈 경우 바꾸어야 할 블록과 수정할 블록을 골라 보세요.

바꾸어야할 블록

수정할 블록

코딩
놀이

고양이 자기 소개하기

Chapter
13

오늘의 놀이
- ✿ 블록을 이용한 말풍선 작성 방법에 대해 알아봅니다.
- ✿ 시간에 따른 말풍선 표시 방법에 대해 알아봅니다.

완성

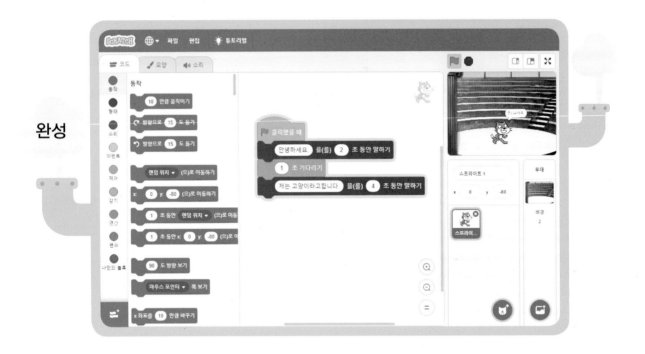

핵심놀이 핵심 블록 코드 설명하기

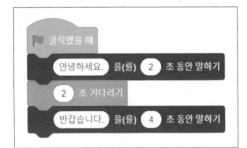

🏁[시작하기]를 클릭했을 때 고양이 스프라이트가 '안녕하세요.'를 2초 동안 말한 후 2초를 기다린 다음 '반갑습니다.'를 4초 동안 말합니다.

 ▶  ▶

블록을 이용한 고양이 말하기

1 [파일]-[컴퓨터에서 가져오기] 메뉴를 클릭한 후 [Chapter13] 폴더의 '자기소개1.sb3' 파일을 불러옵니다. 그런다음 레이아웃을 변경합니다.

컴퓨터에서 작품 가져오기
[파일]-[컴퓨터에서 가져오기] 메뉴를 클릭한 후 [열기] 대화상자가 표시되면 [Chapter13] 폴더의 '자기소개1.sb3' 파일을 선택한 다음 [열기] 단추를 클릭합니다.

2 고양이 스프라이트에서 [코드] 탭-[이벤트] 팔레트의 🏴 블록을 드래그하여 **스크립트 창**으로 이동합니다.

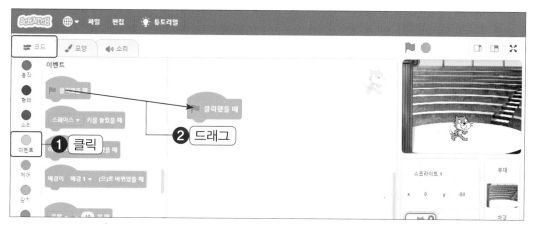

3 [형태] 팔레트의 (안녕! 을(를) 2 초 동안 말하기) 블록을 드래그하여 스크립트 창의 🏴 블록 아래에 연결한 후 내용(안녕하세요.)을 수정합니다.

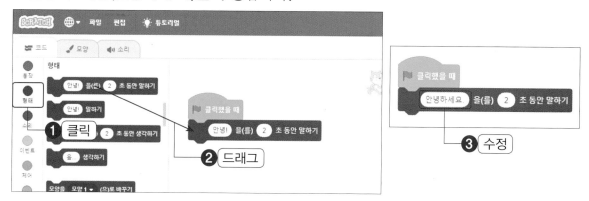

시간에 따른 순서대로 말하기

① [제어] 팔레트의 `1 초 기다리기` 블록을 드래그하여 `안녕하세요. 을(를) 2 초 동안 말하기` 블록 아래에 연결합니다.

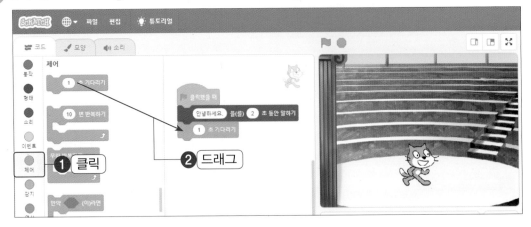

② 같은 방법으로 [형태] 팔레트의 `안녕! 을(를) 2 초 동안 말하기` 블록을 드래그하여 `1 초 기다리기` 블록 아래에 연결한 후 내용(저는 고양이라고합니다.) 및 입력 값(4)을 수정합니다.

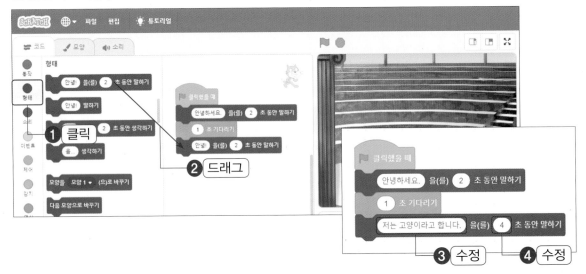

③ 블록 코딩이 완성되면 ▶[시작하기]를 클릭한 후 실행 창에서 고양이가 자기 소개하는 장면을 확인합니다.

❶ 2초 동안 말하기

❷ 1초 동안 기다리기

❸ 4초 동안 말하기

1 스크래치 프로그램에서 [Chapter13] 폴더의 '자기소개2.sb3' 파일을 열고 결과화면과 같이 블록 코드를 만들어 실행해 보세요.

❶ 3초 동안 말하기

❷ 1초 동안 기다리기

❸ 4초 동안 말하기

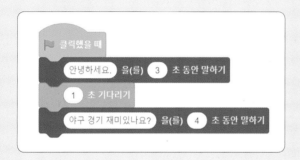

2 Pitcher 스프라이트의 블록 코드를 다음과 같이 수정한 후 실행해 보세요.

hint

블록은 텍스트를 입력하지 않은 블록입니다.

3 ❶번 블록 코드와 ❷번 블록 코드의 실행이 같은 이유를 설명해 보세요.

SALT   SUGAR   PEPPER

문제 분해 능력

샌드위치 만들기~*

🥪 시온이는 배가 고파 샌드위치를 만들어 먹으려고 합니다.
빵 사이에 넣을 재료는 냉장고 안의 재료들 중에서 세 가지로 정하고 영양소가 골고루
들어간 맛있는 샌드위치를 만들려고 합니다. 재료들의 색은 초록, 빨강 , 노랑의 종류
로 과일, 유제품, 채소류 순서로 들어간 맛있는 샌드위치입니다.

[냉장고 안의 재료]

상추   토마토(과일)   치즈   붉은고추

슬라이스햄   바나나   캐첩   양파

무우   당근   녹차케이크

문제

▶ 빵 안에 넣을 재료의 개수를 몇 개로 정했나요?

▶ 빵 안에 넣을 재료의 색은 무슨색으로 정했나요?

▶ 빵 안에 넣을 재료의 종류는 무엇입니까?

▶ 샌드위치를 만드는 순서입니다. 냉장고 안의 재료 중에서 괄호 안에 넣을 순서로
옳은 것은 무엇입니까?

샌드위치 빵 ▶ 토마토 ▶ [   ] ▶ [   ] ▶ 샌드위치 빵

▶ 냉장고 안의 재료 중에서 초록색 재료는 무엇입니까?

▶ 냉장고 안의 재료 중에서 과일 종류에는 어떤 재료가 있습니까?

스프라이트의 대화 만들기

Chapter 14

오늘의 놀이

⚙ `1 초 기다리기` 블록의 사용 방법에 대해 알아봅니다.

⚙ 스프라이트의 대화를 만드는 방법에 대해 알아봅니다.

완성

핵심놀이 스프라이트간의 대화에 필요한 `1 초 기다리기` 블록 설명하기

두 개의 스프라이트가 실행 창에서 대화가 이루어지도록 `안녕! 을(를) 2 초 동안 말하기` 블록을 이용하여 블록 코드를 작성할 때에 가장 중요한 것이 `1 초 기다리기` 블록의 위치 및 시간 설정입니다. 위치 및 시간 설정이 맞지 않을 경우 두 개의 스프라이트가 동시에 말풍선을 표시하거나 먼저 나와야 할 대화 내용이 오히려 늦게 나올 수 있기 때문입니다.

학생 스프라이트의 대화 만들기

1 [파일]–[컴퓨터에서 가져오기] 메뉴를 클릭한 후 [Chapter14] 폴더의 '대화1.sb3' 파일을 불러옵니다. 그런다음 레이아웃을 변경합니다.

2 학생 스프라이트를 선택한 후 [코드] 탭–[이벤트] 팔레트의 블록을 드래그하여 스크립트 창으로 이동합니다.

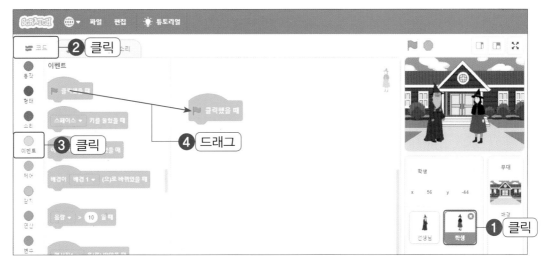

3 [형태] 팔레트의 블록을 드래그하여 스크립트 창의 블록 아래에 연결한 후 내용(선생님! 안녕하세요.) 및 입력 값(4)을 수정합니다.

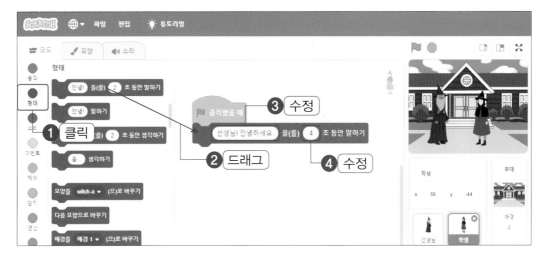

선생님 스프라이트의 대화 만들기

① 선생님 스프라이트를 선택한 후 [이벤트] 팔레트의 ▨ 블록과 [제어] 팔레트의 ▨ 블록을 이용하여 다음과 같이 **스크립트 창에 블록 코드를 연결**합니다.

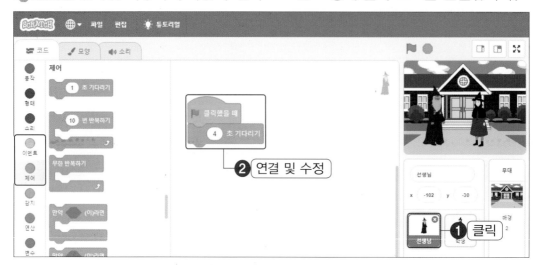

② 같은 방법으로 [형태] 팔레트의 ▨ 블록과 [제어] 팔레트의 ▨ 블록을 이용하여 **스크립트 창에 블록 코드를 연결**한 후 **내용 및 입력 값을 수정**합니다.

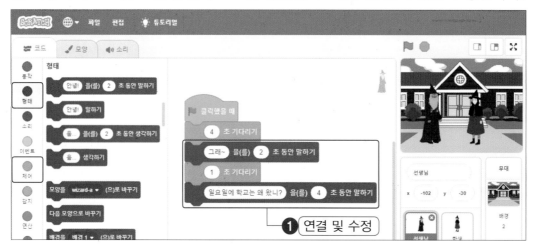

③ 블록 코딩이 완성되면 ▨**[시작하기]를 클릭**한 후 실행 창에서 학생과 선생님이 대화하는 장면을 확인합니다.

1 스크래치 프로그램에서 [Chapter14] 폴더의 '토끼와 거북이.sb3' 파일을 열고 결과화면과 같이 블록 코드를 만들어 실행해 보세요.

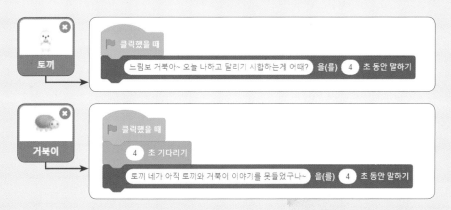

2 토끼와 거북이 스프라이트를 이용하여 새로운 이야기를 만들어 대화를 수정해 보세요.

떡만두 라면 만들기~*

시온이는 떡만두 라면을 끓여 먹으려고 합니다.

재료마다 익는 속도가 다르므로 맛있는 라면을 먹기 위해서는 재료를 넣는 순서를 잘 생각해서 넣어야 합니다. 재료의 익는 시간을 알아보고 넣는 재료 순서를 완성해 봅니다.

[재료]

① 냉동만두 (4분)

② 물

③ 라면 (3분)

④ 떡 (2분)

⑤ 라면스프

얌얌! 짭짭!!~

▶ 라면을 끓이는 순서로 괄호 안에 들어갈 재료는 무엇입니까?

물 끓이기 ▶ [   ] ▶ 라면 ▶ [   ] ▶ 라면스프

▶ 라면의 국물맛을 시원하게 하기 위해 꽃게를 넣어 끓이려고 합니다. 5분 이상 끓여야 맛을 낼 수 있다는 꽃게는 어느 재료 앞에 넣어야 할까요?

❶ 라면   ❷ 떡   ❸ 냉동만두

얌얌!
쩝쩝!!~

코딩놀이 블록을 이용한 모양 바꾸기

오늘의 놀이
✿ 스프라이트의 모양 변경에 사용되는 블록을 알아봅니다.
✿ 블록을 이용한 스프라이트의 모양 변경 방법을 알아봅니다.

완성

핵심놀이 블록을 이용한 모양 변경하기

스프라이트의 모양은 스프라이트의 움직임을 만들때 꼭 필요한 기능으로 [형태] 팔레트의 `모양을 모양2 ▼ (으)로 바꾸기` 블록이나 `다음 모양으로 바꾸기` 블록 등을 이용하며, 지정할 스프라이트의 모양은 [모양] 탭의 목록에 표시된 모양을 이용합니다.

아랍 공주 스프라이트의 대화 만들기

① [파일]-[컴퓨터에서 가져오기] 메뉴를 클릭한 후 [Chapter15] 폴더의 '램프 요정.sb3' 파일을 불러옵니다. 그런다음 레이아웃을 변경합니다.

② 아랍 공주 스프라이트를 선택한 후 [코드] 탭-[이벤트] 팔레트의 ▢ 블록을 드래그하여 스크립트 창으로 이동합니다.

③ 같은 방법으로 [형태] 및 [제어] 팔레트를 이용하여 다음과 같이 블록을 연결합니다.

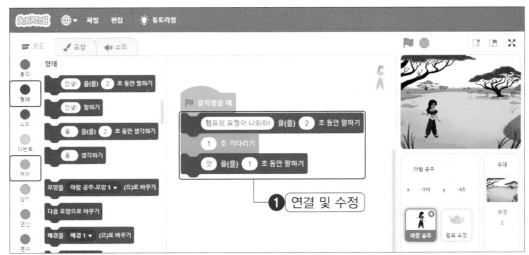

램프 요정 스프라이트의 대화 만들기

1 램프 요정 스프라이트를 선택한 후 [이벤트] 팔레트의 블록과 [형태] 팔레트의 블록을 이용하여 다음과 같이 **스크립트 창에 블록을 연결**합니다.

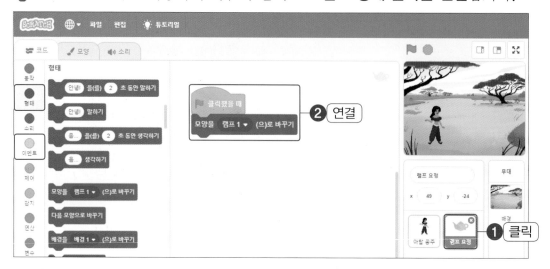

2 같은 방법으로 [제어] 및 [형태] 팔레트를 이용하여 다음과 같이 **연결한 후 내용 및 입력 값을 수정**합니다.

▲ '램프2' 모양 선택 방법

3 블록 코딩이 완성되면 ▶[시작하기]를 클릭한 후 실행 창에서 공주와 램프의 대화에 따른 모양이 변경되는 장면을 확인합니다.

연습해 보세요

1 스크래치 프로그램에서 [Chapter15] 폴더의 '그리스신화.sb3' 파일을 열고 결과화면과 같이
표시하기 위해 [모양을 ___ (으)로 바꾸기] 블록의 모양을 선택하고 실행해 보세요.

❶ 장면

❷ 장면

❸ 장면

❹ 장면

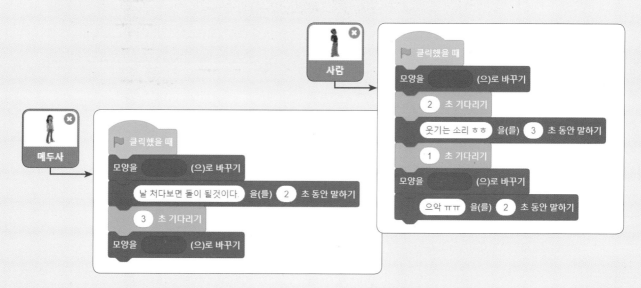

1 스크래치에서 [Chapter16] 폴더의 '마법사.sb3' 파일을 이용하여 다음과 같이 이야기를 만들어 보세요.

- 마법사 스프라이트의 모양 1 ~ 모양 3을 이용하여 움직이는 동작 만들기
- 동물 스프라이트의 모양 1, 모양 2를 이용하여 여우가 강아지로 바뀌는 동작 만들기
- 마법사 스프라이트에서 이야기를 결과화면을 참고하여 재미있게 만들고 특정 시간에 동물 스프라이트의 여우가 강아지로 모양이 바뀌도록 블록을 코딩하기

❶ 장면

❷ 장면

❸ 장면

❹ 장면

스프라이트 및 스크립트 창

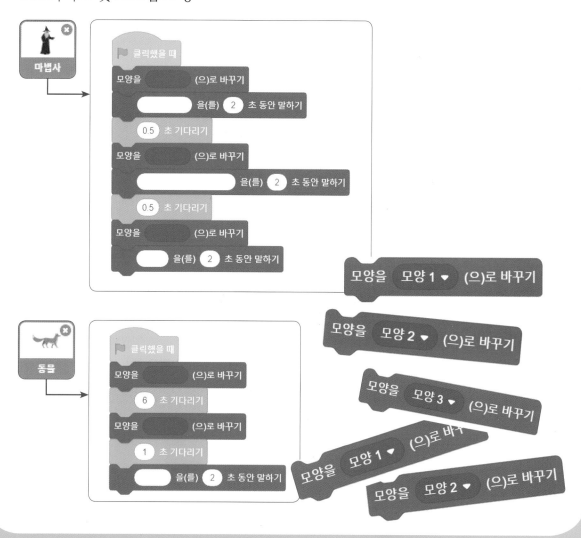

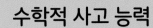

수도물 호수로 연결하기~*

양동이에 물을 받으려고 합니다. 수도꼭지를 틀면 양동이 쪽으로 물이 나올 수 있도록 나머지 파이프를 연결시켜 줘야하는데 A의 가로 파이프의 길이는 1m(100cm)이며, B의 세로 파이프의 길이는 20cm입니다.

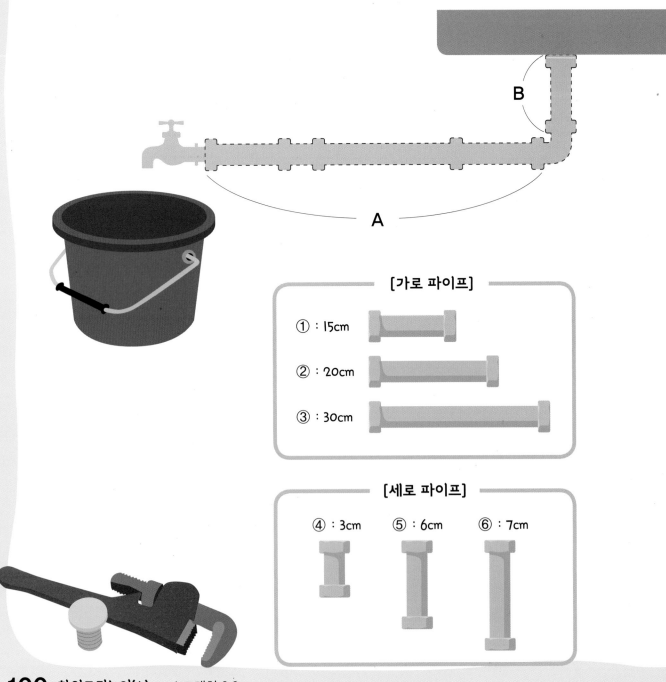

[가로 파이프]

① : 15cm

② : 20cm

③ : 30cm

[세로 파이프]

④ : 3cm   ⑤ : 6cm   ⑥ : 7cm

▶ 가로 파이프를 연결할 경우 ③번 파이프가 2개 있다면 나머지 가로 파이프를 어떻게 연결해야 할까요?

[   ]번 파이프 [   ]개

▶ 세로 파이프를 연결할 경우 ⑥번 파이프가 2개 있다면 나머지 세로 파이프를 어떻게 연결해야 할까요?

[   ]번 파이프 [   ]개 또는 [   ]번 파이프 [   ]개

▶ 가로 파이프에 70cm 파이프가 연결되어 있다면 나머지 가로 파이프를 어떻게 연결해야 할까요?

[   ]번 파이프 [   ]개 또는 [   ]번 파이프 [   ]개

▶ 세로 파이프에 10cm 파이프가 연결되어 있다면 나머지 세로 파이프를 어떻게 연결해야 할까요?

[   ]번 파이프 [   ]개 + [   ]번 파이프 [   ]개

하나! 둘! 셋! 넷!

디버깅 알아보기

Chapter 17

오늘의 놀이
✿ 디버깅의 정의를 알아봅니다.
✿ 블록 코딩의 오류를 찾아 수정하는 방법을 알아봅니다.

완성

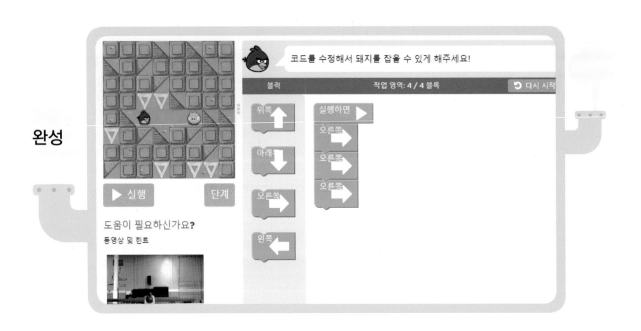

핵심놀이 디버깅의 정의

디버깅이란 프로그램의 오류를 찾아 수정하는 과정을 의미합니다. 프로그램을 작성하다보면 실수 등으로 프로그램이 정상적으로 작동되지 않을 수 있는데, 이 때 이를 수정하는 작업을 디버깅이라고 합니다.

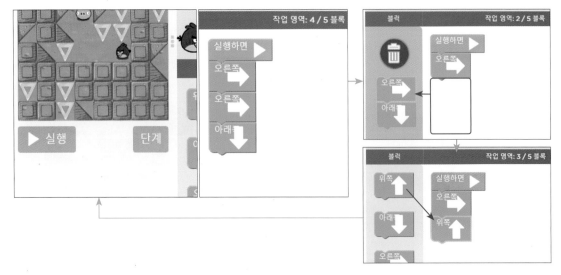

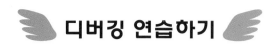
디버깅 연습하기

① 인터넷에서 **주소**(http://code.org)**를 입력**하여 **이동**한 후 **[학생들]을 클릭**합니다.

② code.org 사이트의 학생들 화면으로 이동되면 **[과정B]를 클릭**합니다.

③ [과정B] 화면이 표시되면 **[미로 내 프로그래밍]의 4단계를 클릭**합니다.

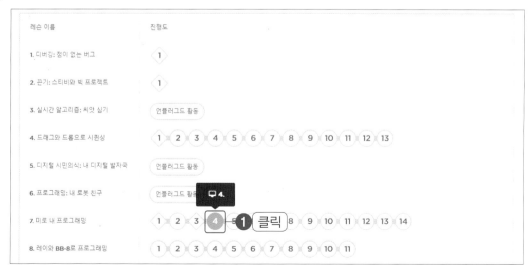

④ '코드를 수정해서 돼지를 잡을 수 있게 해주세요!' 메시지가 표시되면 **[확인] 단추를 클릭**한 후 **블록을 추가하여 프로그램을 수정**한 다음 **[실행] 단추를 클릭**합니다.

⑤ 돼지의 위치까지 이동되면 1번 퍼즐이 해결되었다는 메시지가 표시되며, **[계속하기]를 클릭**하면 다음 단계로 넘어갑니다. 같은 방법으로 디버깅을 연습합니다.

TIP

블록과 블록 사이에 끼워넣기 및 블록 삭제하기

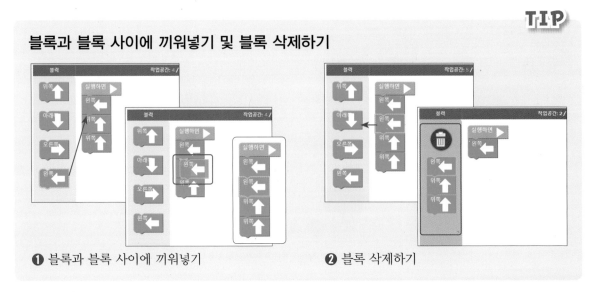

❶ 블록과 블록 사이에 끼워넣기 　　　　❷ 블록 삭제하기

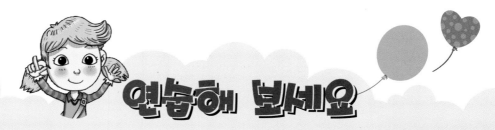

1️⃣ 앵그리버드가 돼지를 찾아가는 프로그램 코딩으로 옳은 것은 무엇입니까?

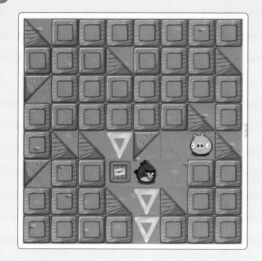

❶
실행하면 ▶
위쪽 ↑
오른쪽 →
오른쪽 →

❷
실행하면 ▶
왼쪽 ←
위쪽 ↑
오른쪽 →

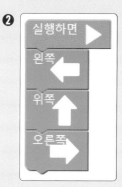

❸
실행하면 ▶
오른쪽 →
위쪽 ↑
오른쪽 →

❹
실행하면 ▶
왼쪽 ←
아래쪽 ↓
왼쪽 ←

2️⃣ 앵그리버드가 돼지를 찾아가는 프로그램 코딩으로 옳은 것은 무엇입니까?

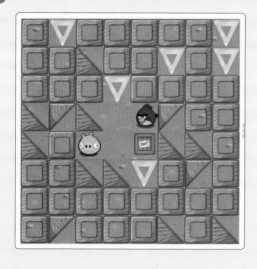

❶
실행하면 ▶
위쪽 ↑
오른쪽 →
오른쪽 →

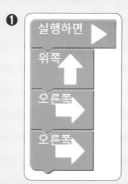

❷
실행하면 ▶
왼쪽 ←
위쪽 ↑
오른쪽 →

❸
실행하면 ▶
오른쪽 →
위쪽 ↑
오른쪽 →

❹
실행하면 ▶
왼쪽 ←
아래쪽 ↓
왼쪽 ←

추상화

우리 학교 배치 벤다이어그램으로 그리기~*

🍬 우리 학교 1층에는 과학실, 교장실, 보건실이 있고 2층에는 1학년, 2학년, 3학년 교실과 컴퓨터실이 있습니다. 또 3층에는 4학년, 5학년 교실이 배치되어 있고 4층에는 6학년 교실과 영어 교실이 있습니다.

빈 칸에 들어갈 장소를 입력해 보세요.

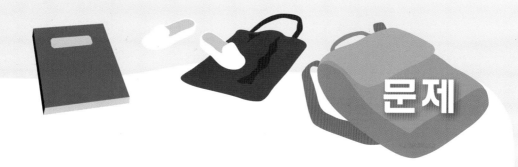

▶ 2학년 교실에서 6학년 교실로 이동하려면 계단을 이용하여 몇 층을 이동해야 합니까?

▶ 영어교실에서 수업을 끝내고 보건실에 가려고 합니다. 몇 층을 내려가야 합니까?

▶ 교장실과 같은 층에 있는 장소 이름을 적어 보세요.

▶ 2학년 교실과 같은 층에 있는 장소 이름을 적어 보세요.

반복 알고리즘 알아보기

Chapter 18

오늘의 놀이
✿ 반복 알고리즘에 대해 알아봅니다.
✿ 반복 알고리즘을 이용한 블록의 사용 방법을 알아봅니다.

완성

핵심놀이 반복하기 알고리즘

반복 알고리즘이란 순차 알고리즘에서 반복되는 과정이 포함된 알고리즘 구조를 말합니다. 똑같은 내용이 여러 번 반복될 때의 순차 과정을 효율적으로 변경하는 방법입니다. 예를 들어, 10개의 계단을 오를때 1칸씩 오르는 명령 블록을 10개 연결해서 사용하는 것보다 10번 반복하기 블록 안에 1칸씩 오르는 명령 블록을 사용하면 문제를 효율적으로 해결할 수 있습니다.

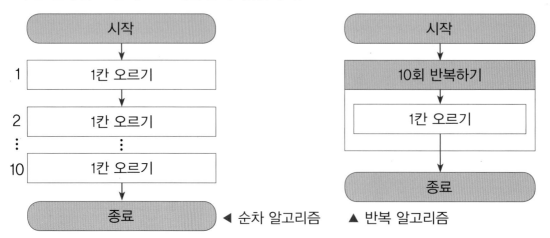

◀ 순차 알고리즘   ▲ 반복 알고리즘

반복하기 연습하기

① 인터넷에서 **주소(http://code.org)를** 입력하여 이동한 후 **[학생들]을** 클릭합니다.

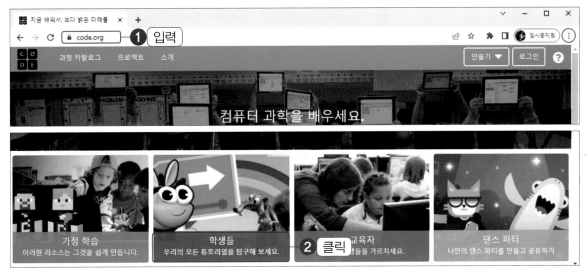

② code.org 사이트의 학생들 화면으로 이동되면 **[과정B]를** 클릭합니다.

③ [과정B] 화면이 표시되면 **[레이와 BB-8로 프로그래밍]의** 1단계를 클릭합니다.

④ 'BB-8 가서 고철을 가져와요!' 메시지가 표시되면 [확인] 단추를 클릭한 후 블록을 연결하여 프로그램을 수정한 다음 [실행] 단추를 클릭합니다.

⑤ 고철의 위치까지 이동되면 1번 퍼즐이 해결되었다는 메시지가 표시되며, [계속하기]를 클릭하여 다음 단계로 넘어갑니다.

⑥ 반복(횟수) 블록을 사용하여 다음과 같이 블록을 연결한 후 [실행] 단추를 클릭합니다. [계속하기]를 클릭하면 다음 단계로 넘어갑니다. 같은 방법으로 반복을 연습합니다.

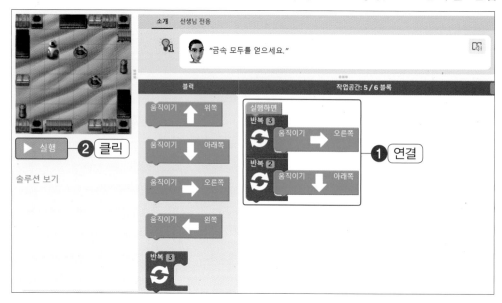

1 코드(code.org) 사이트의 [과정B]에서 [수집가 내 루프]의 2~13 단계를 진행해 보세요.

2 코드(code.org) 사이트의 [과정B]에서 [아티스트 내 루프]의 2~13 단계를 진행해 보세요.

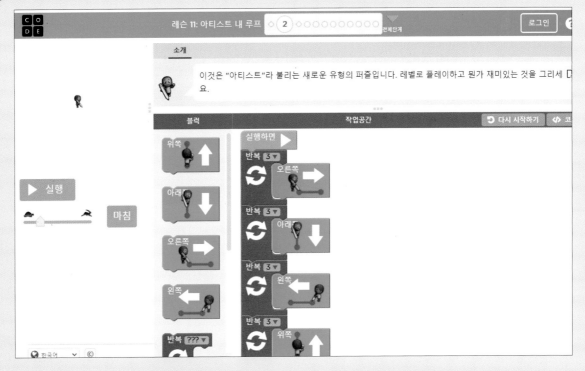

19

패턴화

공통점과 차이점 구분하기~*

🍬 아래의 보기는 우리나라에서 볼 수 있는 꽃의 종류입니다.

① 민들레

② 진달래

③ 개나리

④ 유채꽃

이렇게 하는 거예요!

▶ 보기의 그림에서 공통점은 무엇입니까?

봄에 피는 꽃

▶ 보기의 ②번 진달래와 나머지 그림의 차이점은 무엇입니까?

꽃의 색 (빨간색 꽃과 노란색 꽃)

🍬 아래의 보기는 맛있는 과일의 종류입니다.

① 감귤

② 바나나

③ 사과

④ 곶감

▶ 보기의 그림에서 공통점은 무엇입니까?

▶ 보기의 ④번 곶감과 나머지 그림의 차이점은 무엇입니까?

도사 전우치 만들기

오늘의 놀이
* 반복하기 블록의 사용 방법에 대해 알아봅니다.
* 도장찍기 블록의 사용 방법을 알아봅니다.

완성

핵심놀이 핵심 블록 코드 설명하기

🏳[시작하기]를 클릭했을 때 자동차가 이동 방향으로 100만큼씩 움직이면서 1초 기다리기를 3번 반복해서 실행합니다.

'반복하기.sb3' ▶

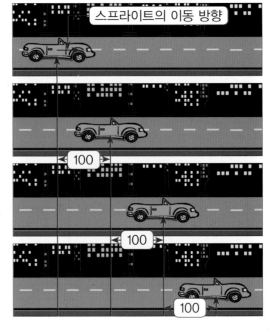

스프라이트의 이동 방향

도사 전우치의 반복하여 이동하기

1 [파일]-[컴퓨터에서 가져오기] 메뉴를 클릭한 후 [Chapter19] 폴더의 '전우치.sb3' 파일을 불러옵니다. 그런다음 레이아웃을 변경합니다.

TIP

모두 지우기 **블록과** x -100 y -40 (으)로 이동하기 **사용하기**

[펜] 팔레트의 모두 지우기 블록은 도장찍기 블록을 통해 표시된 실행 창의 모든 그림을 지웁니다.
[동작] 팔레트의 x -100 y -40 (으)로 이동하기 블록은 스프라이트의 위치를 입력 값의 위치로 이동합니다.

2 **전우치 스프라이트**에서 [코드] 탭-[제어] 팔레트를 이용하여 다음과 같이 **블록을 연결**한 후 **입력 값(3)을 수정**합니다.

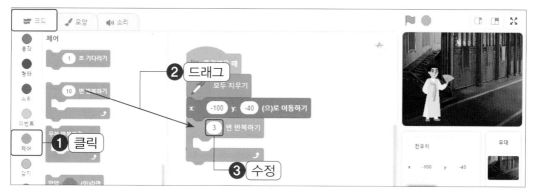

3 [제어] 및 [동작] 팔레트를 이용하여 1 초 기다리기 **블록과** 10 만큼 움직이기 **블록을 연결**한 후 **입력 값(70)을 수정**합니다.

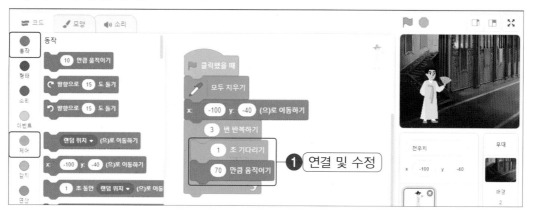

반복하여 이동할 때 스프라이트 도장찍기

① [펜] 팔레트의 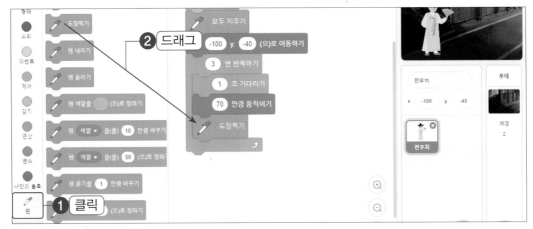 블록을 드래그하여 스크립트 창의 블록 아래에 연결합니다.

TIP

[펜] 팔레트 추가하기

[확장 기능 추가하기]를 클릭한 후 [확장 기능 고르기] 화면이 표시되면 [펜]을 클릭합니다.

② 블록 코딩이 완성되면 ▶[시작하기]를 클릭한 후 실행 창에서 전우치 스프라이트가 70 만큼씩 이동한 다음 이미지로 찍혀 표시되는지 확인합니다.

1 스크래치 프로그램에서 [Chapter19] 폴더의 '바다.sb3' 파일을 열고 결과화면과 같이 실행 창을 완성해 보세요.

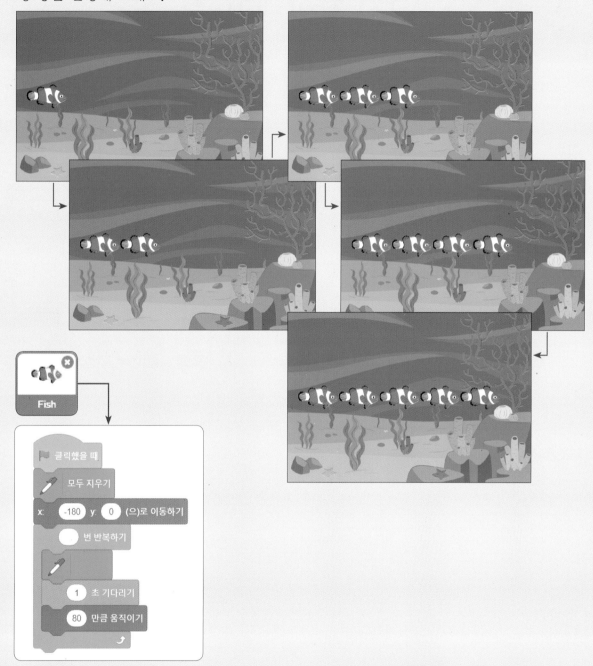

2 앞에서 완성한 바다의 물고기 5마리 중 그림 이미지에는 △ 표시하고, 스프라이트에는 ○ 표시를 해보세요.

규칙 찾아내기~*

🌀 아래쪽 보기의 그림에서 규칙을 발견하고 빈 곳에 들어갈 숫자를 맞춰 보세요.

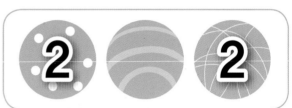

자~ 구슬치기~
간다!!!~

🍬 아래쪽 보기의 그림에서 규칙을 발견하고 빈 곳에 들어갈 숫자를 맞춰 보세요.

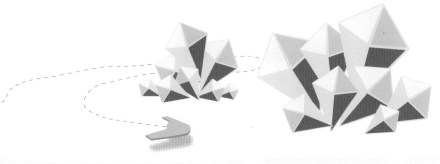

꽃잎으로 꽃 만들기

오늘의 놀이
❃ 모양 중심점의 위치를 변경하는 방법에 대해 알아봅니다.
❃ 블록을 이용한 스프라이트의 회전 방법을 알아봅니다.

완성

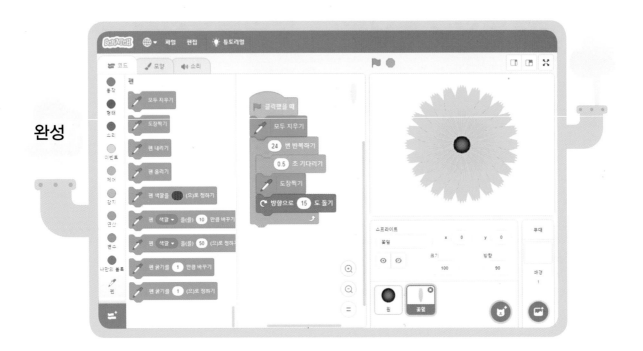

핵심놀이 핵심 블록 코드 설명하기

▲ 스프라이트 개체의 모양 중심 설정하기

🚩[시작하기]를 클릭했을 때 일정 시간을 기다린 후 꽃잎을 도장 찍듯이 그림 이미지로 찍어 표시하고 중심점을 기준으로 45도 방향으로 회전하기를 7번 반복합니다.

스프라이트의 중심점 변경하기

① [파일]-[컴퓨터에서 가져오기] 메뉴를 클릭한 후 [Chapter20] 폴더의 '꽃만들기.sb3' 파일을 불러옵니다.

② 꽃잎 스프라이트를 선택한 후 [모양] 탭에서 ⓠ[확대]를 눌러 확대한 다음 꽃잎 모양을 드래그하여 ⊕[모양 중심점] 위치로 꽃잎을 이동합니다.

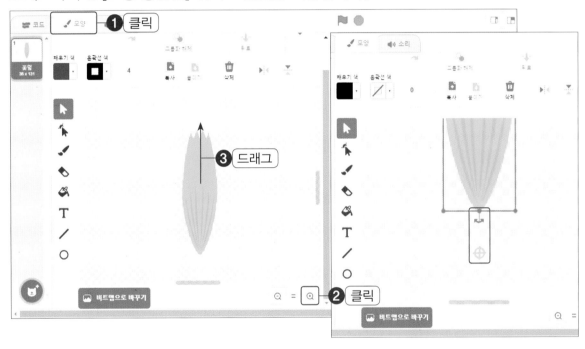

③ [코드] 탭-[제어] 및 [펜] 팔레트를 이용하여 다음과 같이 블록을 연결한 후 입력값을 수정합니다.

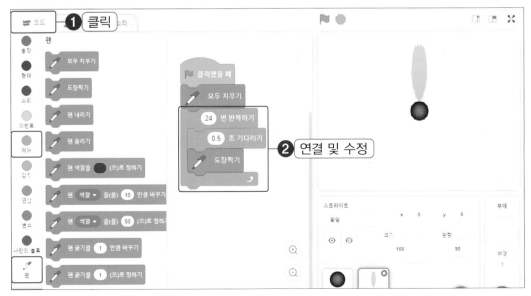

블록을 이용한 스프라이트의 회전하기

① [동작] 팔레트의 `방향으로 15 도 돌기` 블록을 드래그하여 스크립 창의 `도장찍기` 블록 아래에 연결합니다.

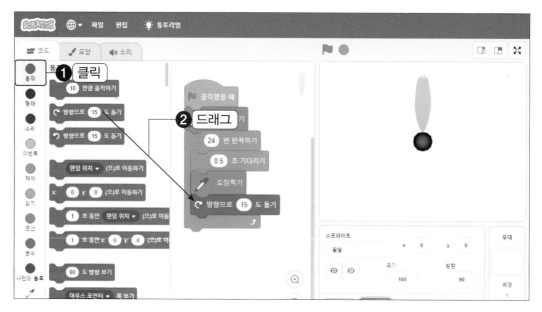

TIP

`방향으로 15 도 돌기` **블록의 회전 각도 지정하기**

[동작] 팔레트의 `방향으로 15 도 돌기` 블록에서 입력 값을 입력하여 스프라이트의 회전 각도를 지정할 수 있습니다.

② 블록 코딩이 완성되면 ▶[시작하기]를 클릭한 후 실행 창에서 꽃잎을 이용하여 꽃이 완성되는지 확인합니다.

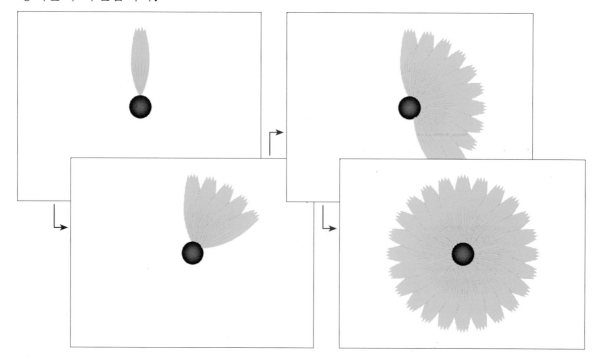

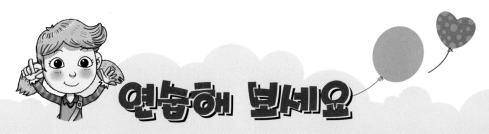

1 스크래치 프로그램에서 [Chapter20] 폴더의 '칠교놀이1.sb3' 파일을 열고 결과화면과 같이 실행 창을 완성해 보세요.

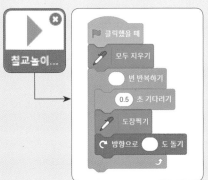

2 스크래치 프로그램에서 [Chapter20] 폴더의 '칠교놀이2.sb3' 파일을 열고 결과화면과 같이 실행 창을 완성해 보세요.

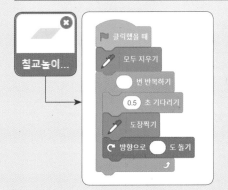

창의놀이 21 순서도 알아보기~*

🍬 순서도란?

순서도란 작업의 처리 순서를 단계화하여 문제를 이해하기 쉽도록 약속된 도형을 이용하여 흐름을 기호화 하는 것입니다.

순서도는 문제 내용을 이해하고 분석과정을 통해 흐름을 알아야 작성할 수 있습니다.

순서도	이름	내용
	시작/끝	시작과 끝을 표시합니다.
	처리	처리 내용을 표시합니다.
	판단	조건을 비교한 후 조건에 따른 흐름을 나눕니다.
	입력	입력에 관련된 내용을 표시합니다.
	준비	준비에 관련된 내용을 표시합니다.
	출력(프린터)	출력과 관련된 내용을 표시합니다.
	반복	처리 내용에 관한 반복(횟수)을 표시합니다.

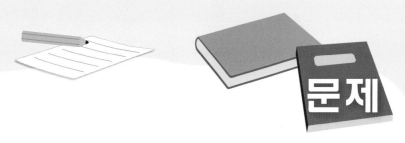

🍬 시온이가 집에서 일어나 학교에 가려고 합니다.
아래의 내용을 보고 문제의 빈 칸을 완성해 보세요.

학교가는 순서

-7시 30분 : 일어나기

-7시 40분 : 양치 및 세수하기

-8시 10분 : 아침밥 먹기

-8시 40분 : 책가방 및 준비물 챙기기

-8시 50분 : 학교로 등교하기

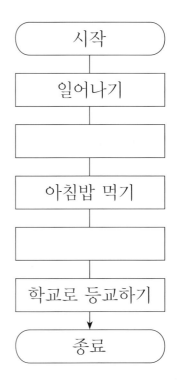

시작

일어나기

아침밥 먹기

학교로 등교하기

종료

마우스를 따라다니는 펭귄 만들기

오늘의 놀이
✿ 무한 반복하기 블록의 사용 방법을 알아봅니다.
✿ 마우스 포인터 방향을 바라보는 스프라이트를 만들어봅니다.

완성

핵심놀이   회전 방식 변경하기

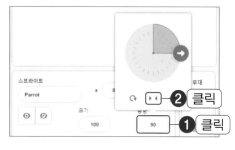

🏳[시작하기]를 클릭했을 때 무한 반복해서 마우스 포인터쪽을 바라보며 1만큼씩 움직입니다. 스프라이트의 정보에서 회전 방식을 ▶◀[왼쪽/오른쪽]으로 변경하면 스프라이트의 모양이 좌우로 바뀌게됩니다.

스프라이트의 모양 변경하기

1 [파일]–[컴퓨터에서 가져오기] 메뉴를 클릭한 후 [Chapter21] 폴더의 '펭귄움직이기.sb3' 파일을 불러옵니다. 그런다음 레이아웃을 변경합니다.

2 스프라이트 정보에서 [방향]을 클릭한 후 방향 설정 화면이 표시되면 ▶◀[왼쪽/오른쪽]을 클릭합니다.

TIP

회전 방식
- **회전하기** : 360도 원하는 방향으로 회전합니다.
- **왼쪽/오른쪽** : 좌우 회전만 가능합니다. [동작] 팔레트의 ▨▨▨▨▨ 블록과 같은 기능을 수행합니다.
- **회전하지 않기** : 회전을 하지 않습니다.

3 [코드] 탭–[이벤트] 및 [제어], [형태] 팔레트를 이용하여 다음과 같이 **블록을 연결**한 후 **입력값을 수정**합니다.

블록을 이용한 스프라이트 따라다니기

① [동작] 팔레트의 `마우스 포인터 ▾ 쪽 보기` 블록을 드래그하여 스크립트 창의 `0.1 초 기다리기` 블록 아래에 **연결**합니다.

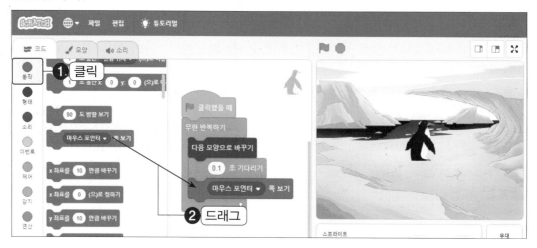

② [동작] 팔레트의 `10 만큼 움직이기` 블록을 드래그하여 스크립트 창의 `마우스 포인터 ▾ 쪽 보기` 블록 아래에 **연결**한 후 **입력 값(5)을 수정**합니다.

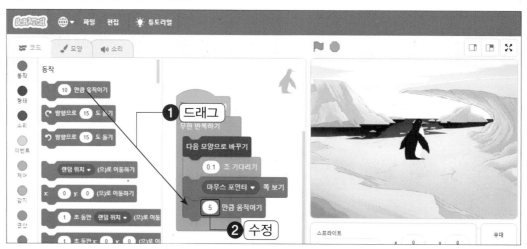

③ 블록 코딩이 완성되면 ▶[**시작하기**]를 **클릭**한 후 실행 창에서 펭귄이 마우스 포인터를 따라 다니는지 확인합니다.

TIP

펭귄 스프라이트의 회전 방식을 ▸◂[왼쪽/오른쪽]으로 변경해야 펭귄이 거꾸로 표시되지 않습니다.

1 스크래치 프로그램에서 [Chapter21] 폴더의 '움직이는얼룩말.sb3' 파일을 열고 결과화면과 같이 마우스 포인터를 따라다니는 얼룩말을 완성해 보세요.

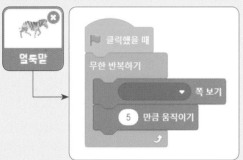

hint

얼룩말 스프라이트의 회전 방식은 ▶◀ [왼쪽/오른쪽]을 선택합니다.

2 스크래치 프로그램에서 [Chapter21] 폴더의 '움직이는행성.sb3' 파일을 열고 결과화면과 같이 마우스 포인터를 따라다니는 행성을 완성해 보세요.

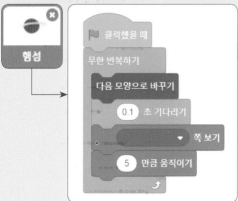

hint

행성 스프라이트의 회전 방식은 ↻[회전하기]를 선택합니다.

알고리즘

순차 알고리즘 알아보기~*

🐝 순차 알고리즘이란 작업의 절차(순서)대로 실행하는 것을 의미합니다.

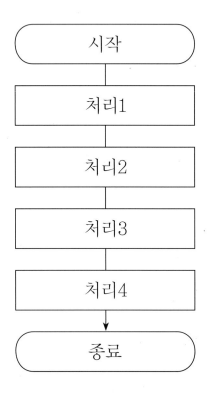

적힌 순서대로 실행합니다.

와아~
빵이다!!~

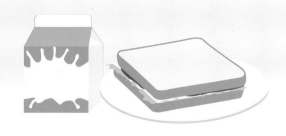

🍬 시온이가 우유를 마시려고 합니다.
아래의 명령어 종류를 이용하여 우유를 마시는 순서를 순서도로 완성해 보세요.

우유를 마시는 명령어

- 컵에 우유를 따른다.
- 우유를 꺼낸다.
- 냉장고 문을 연다.
- 우유를 마신다.

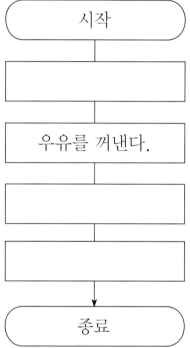

```
      시작
       │
  ┌─────────┐
  │         │
  └─────────┘
       │
  우유를 꺼낸다.
       │
  ┌─────────┐
  │         │
  └─────────┘
       │
  ┌─────────┐
  │         │
  └─────────┘
       │
      종료
```

쿵

Chapter 22

이벤트 알아보기

오늘의 놀이
* 이벤트 기능에 대해 알아봅니다.
* 이벤트 기능의 블록 사용 방법을 알아봅니다.

완성
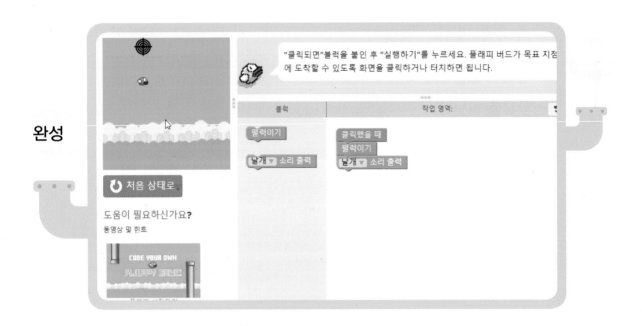

핵심놀이 이벤트 기능 알아보기

이벤트란? 프로그램에서 사용자에 의한 반응 등을 스프라이트 등에 전달하는데 필요한 기능으로 비디오 게임에서 게임 프로그램의 진행을 위해 조이스틱이나 마우스, 키보드 등으로 제어하듯이 항상 사용자가 프로그램에서 스프라이트의 특별한 반응을 필요로 할 때 이를 실행할 수 있도록 도와주는 블록 기능입니다.

이벤트 기능을 이용한 플래피 움직이기

① 인터넷에서 주소(http://code.org)를 입력하여 이동한 후 [학생들]을 클릭합니다.

② code.org 사이트의 학생들 화면으로 이동되면 [과정B]를 클릭합니다.

③ [과정B] 화면이 표시되면 [플레이 랩 내 이벤트]의 4단계를 클릭합니다.

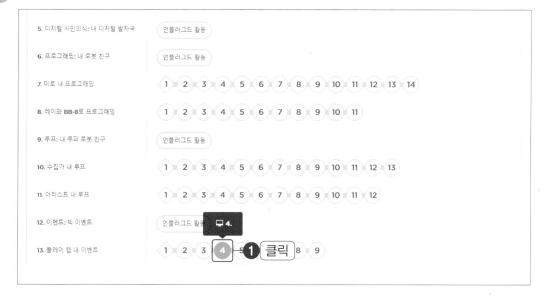

④ 메시지 내용과 같이 공룡을 클릭했을 때 공룡의 감정 표현을 무작위 랜덤으로 표정 짓게 하기 위해 ![블록] 블록과 ![블록] 블록을 서로 연결한 후 **[실행] 단추를 클릭**합니다.

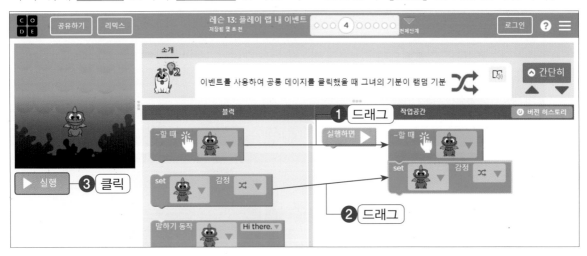

⑤ 무대의 공룡을 클릭하면 표정이 무작위 랜덤 표정으로 바뀝니다. **[계속하기]를 클릭**하여 다음 단계로 넘어갑니다.

⑥ 같은 방법으로 이벤트 기능의 연습을 실행합니다.

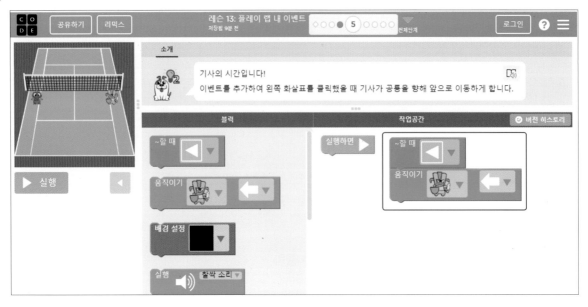

연습해 보세요

1 프리 리더 익스프레스의 이벤트로 이동 중 다음 조건에 맞는 블록을 보기에서 찾아보세요.

• 강아지가 왼쪽 방향키를 누르면 왼쪽으로 움직이고 오른쪽 방향키를 누르면 오른쪽으로 움직이기

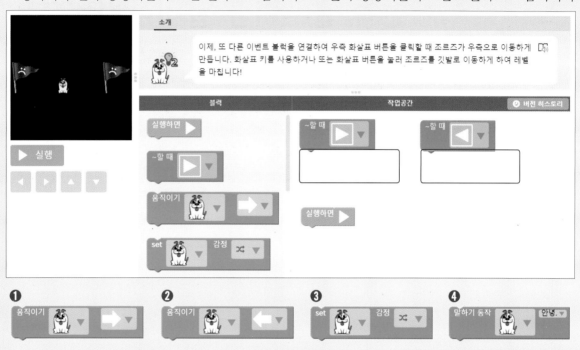

2 프리 리더 익스프레스의 이벤트로 이동 중 다음 조건에 맞는 블록을 보기에서 찾아보세요.

• 실행을 클릭했을 때 강아지가 "안녕"이라고 말하기

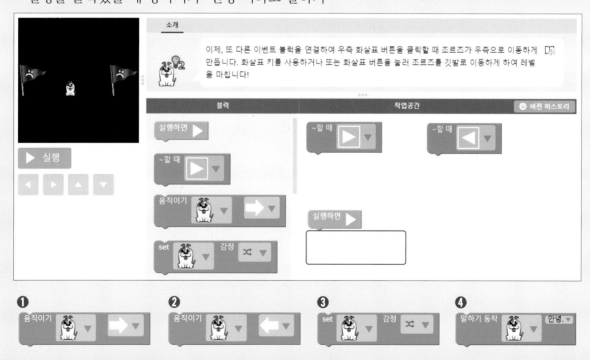

반복 알고리즘 알아보기~*

반복 알고리즘이란 조건이 일치하는 동안 또는 조건이 일치하지 않는 동안 반복해서 실행하는 것입니다.

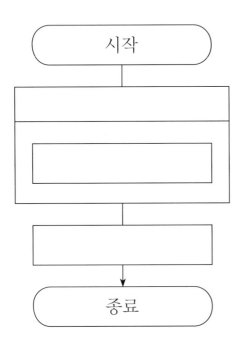

시작

종료

조건이 일치하는 동안, 또는 조건이 일치하지 않는 동안 일정한 처리를 반복합니다.

🍗 시온이는 치킨 5조각과 콜라를 먹으려고 합니다.
아래의 내용을 보고 치킨과 콜라 마시는 순서를 순서도로 완성해 보세요.

치킨과 콜라 마시는 순서

-5회 반복
-치킨 1조각 먹기
-콜라 마시기

시작

콜라 마시기

종료

키보드를 이용한 동작 만들기

오늘의 놀이
- ❀ 키보드의 키를 이용한 블록 사용 방법을 알아봅니다.
- ❀ 키보드의 방향키로 스프라이트의 움직임을 만들어봅니다.

완성

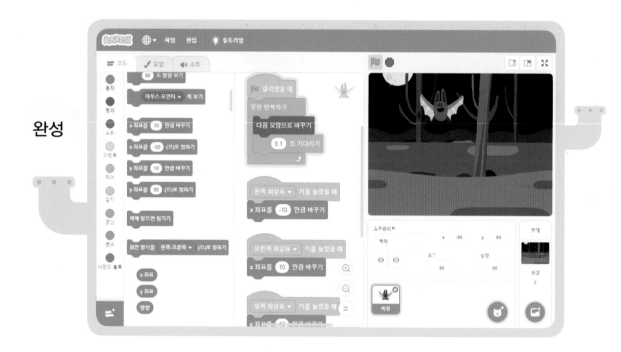

핵심놀이 핵심 블록 코드 설명하기

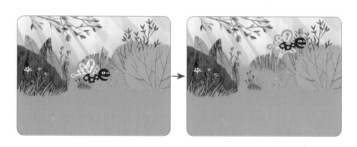

키보드의 왼쪽 화살표를 눌렀을 때, x좌표를 −10
만큼, 오른쪽 화살표를 눌렀을 때, x좌표를 10만큼,
위쪽 화살표를 눌렀을 때, y좌표를 10만큼, 아래쪽
화살표를 눌렀을 때, y좌표를 −10만큼 이동합니다.

반복해서 스프라이트의 모양 변경하기

1 [파일]-[컴퓨터에서 가져오기] 메뉴를 클릭한 후 [Chapter23] 폴더의 '박쥐움직이기.sb3' 파일을 불러옵니다. 그런다음 [모양] 탭에서 박쥐 모양들을 확인합니다.

2 [코드] 탭의 [이벤트] 및 [제어], [형태] 팔레트를 이용하여 스크립트 창에 다음과 같이 **블록을 연결**한 후 **입력 값(0.1)을 수정**합니다.

TIP

다음 모양으로 바꾸기 블록과 **0.1 초 기다리기** 블록의 원리 설명하기

▶[시작하기]를 클릭했을 때 무한 반복하여 [모양] 탭에 표시된 모양 목록의 모양을 순서대로 다음 모양으로 바꿉니다. 이 때, 모양 변경이 빨라 화면에 보이지 않게 되는 문제를 해결하기 위해 **0.1 초 기다리기** 블록을 연결하여 모양 변경을 확인할 수 있도록 코딩한 내용입니다.

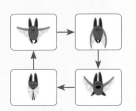

블록을 이용한 스프라이트 이동하기

① [이벤트] 팔레트의 ⬭스페이스▼ 키를 눌렀을때⬭ 블록을 스크립트 창으로 드래그한 후 블록 안의 ▼[목록] 단추를 클릭한 다음 [왼쪽 화살표]를 클릭합니다.

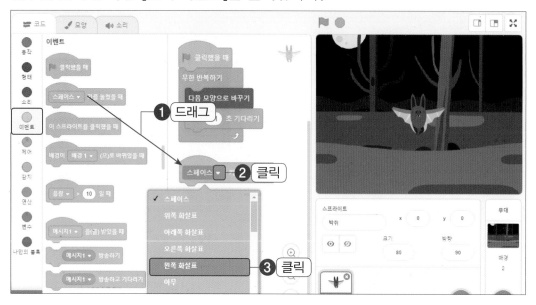

② [동작] 팔레트의 ⬭x좌표를 10 만큼 바꾸기⬭ 블록을 스크립트 창의 ⬭왼쪽 화살표▼ 키를 눌렀을때⬭ 블록 아래에 연결한 후 입력 값(-10)을 수정합니다.

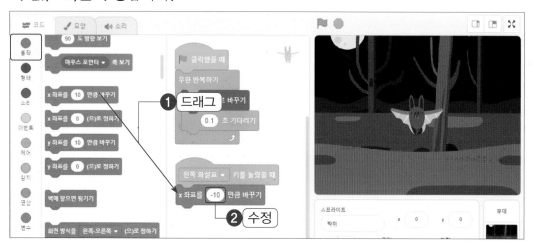

③ 같은 방법으로 다음과 같이 **블록 코딩을 완성**한 후 ▶[시작하기]를 클릭한 다음 키보드의 방향키를 눌러 해당 방향으로 이동하는지 확인합니다.

연습해 보세요

1 스크래치 프로그램에서 [Chapter23] 폴더의 '곰움직이기.sb3' 파일을 열고 결과화면과 같이 실행 창을 완성해 보세요.

- 회전 방식을 [왼쪽/오른쪽]으로 지정하기
- [시작하기]를 클릭하면 0.1초 기다린 후 다음 모양으로 무한 반복하기
- 키보드의 방향키(왼쪽 / 오른쪽 방향)에 따라 해당 방향을 보기
- 키보드의 방향키(왼쪽 / 오른쪽 / 위쪽 / 아래쪽 방향)에 따라 해당 방향으로 10만큼씩 움직이기

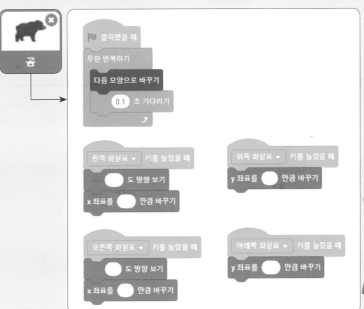
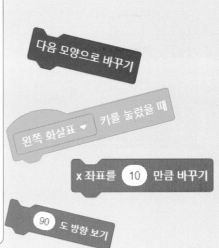

1 스크래치에서 [Chapter24] 폴더의 '그림그리기.sb3' 파일을 이용하여 다음과 같은 조건으로 프로그램을 완성해 보세요.

프로그램 완성 조건

동물 스프라이트의 [모양] 탭에는 다양한 동물 모양이 제공됩니다. 아래의 조건에 맞는 블록을 스크립트 창에 추가하여 프로그램을 코딩한 후 실행, 결과화면을 참고하여 그림을 그립니다.

- [시작하기]를 클릭하면 도장찍기로 작성한 그림을 모두 지우고 동물 모양을 '코끼리'로 변경한 다음 마우스를 따라 다니기
- 키보드의 오른쪽 방향키(→)를 눌렀을 때 동물 스프라이트의 다음 모양으로 바꾸기
- 키보드의 스페이스바(SpaceBar)를 눌렀을 때 스프라이트의 현재 모양을 도장찍기
- 키보드의 'A'(A)를 눌렀을 때 모두 멈추기

▲ 실행 창의 시작화면 및 결과화면

▲ ⚑[시작하기]를 클릭하면 동물 스프라이트가 마우스를 따라다니며, 키보드의 오른쪽 방향키(→)를 누르면 다음 모양으로 바뀝니다.

▲ 키보드의 스페이스바(**SpaceBar**)를 누르면 마우스 포인터를 따라다니는 동물 스프라이트의 모양이 실행
창에 그림으로 찍힙니다.

▲ 키보드의 'A'(**A**)를 누르면 실행을 멈춥니다.

hint

블록 이해하기

[제어] 팔레트의 ⬤ 블록은 ●[멈추기]를 누른 효과와 같이 모든 실행을 멈춥니다.

Lesson **2**에서 만나요~